à Mr Rivolet

avocat à la cour impériale

hommage respectueux

Ad. Guillot.

I0052481

CONFÉRENCE DES ATTACHÉS.

Séance du 12 juillet 1863.

PRÉSIDENCE DE M. BRIÈRE-VALIGNY,

DOCTEUR EN DROIT,

AVOCAT GÉNÉRAL PRÈS LA COUR IMPÉRIALE DE PARIS.

EXAMEN DU PROJET DE LOI

SUR

LA PROPRIÉTÉ LITTÉRAIRE

(1863),

PAR M. ADOLPHE GUILLOT,

AVOCAT A LA COUR IMPÉRIALE.

PARIS,

IMPRIMERIE DE G. JOUSSET, CLET ET Cie,

RUE DE FURSTENBERG, 8.

—

1863.

8F

24035

EXAMEN DU PROJET DE LOI

SUR LA PROPRIÉTÉ LITTÉRAIRE

MESSIEURS,

La Déclaration des droits de l'homme était à peine
adoptée, que le 19 juillet 1793 (1), la Convention nationale, mise en demeure par l'un de ses membres de formuler *la Déclaration des droits du génie,* suspendant
un instant le cours tumultueux des discussions politiques, décrétait, par acclamation, que les auteurs auraient pendant toute leur vie, et leurs héritiers dix ans
après leur mort, un droit acquis à la jouissance exclusive de leurs œuvres. Sous l'empire de cette législation,
à peine modifiée depuis, le patrimoine intellectuel de
notre pays, loin de s'appauvrir, s'est enrichi de productions de tout genre qui peuvent attester que le goût des
lettres et le sentiment du beau sont demeurés des sources
fécondes que le temps n'a point taries. Et, bien avant,
sous une législation peut-être moins favorable, ne s'était-
il pas rencontré d'admirables esprits qui, dans l'éloquence, dans la poésie, dans la philosophie, non moins
que dans les arts, avaient atteint les dernières limites
de la perfection, et dont les œuvres, après avoir jeté un
impérissable éclat sur les règnes qui les avaient vu naître,

(1) *Moniteur* du dimanche 24 juillet 1793.

sont demeurés et demeureront toujours comme des modèles achevés, de telle sorte que si l'on voulait juger
d'une législation sur les droits des auteurs par les résul-
tats obtenus, aucune n'aurait de plus nombreux et de
plus incontestables titres que la législation ancienne; et
cependant elle a été vivement attaquée; on est venu dire
qu'elle ne protégeait pas suffisamment les intérêts sacrés
des gens de lettre, qu'elle ne leur reconnaissait qu'un
privilége quand ils avaient un droit de propriété, et que
loin de récompenser leurs services et leurs travaux, elle
ne mettait même pas leurs héritiers les plus directs à
l'abri de la misère. Ces plaintes se sont élevées jusqu'au
pouvoir; on lui a dit que la propriété littéraire attendait
son Code Napoléon, et qu'il ne devait pas laisser à l'avenir
la gloire d'assurer aux travaux de l'esprit une protection plus efficace. Ce langage a été entendu : le gouvernement de l'Empereur a pensé que la législation ancienne
appelait des réformes, et que des règlements nouveaux,
plus favorables aux auteurs, auraient ce double avantage de réparer une injustice séculaire et de gagner
au culte des lettres, désormais lucratif, des esprits
jusque là rebelles aux inspirations de leur génie.

. A cet effet, une commission a été instituée par décret du 26 décembre 1861. Jamais peut-être une meil-
leure et plus décisive occasion de préciser les droits
des auteurs ne s'était présentée; pour se convaincre
qu'elle avait à trancher la question de principe, si
longtemps agitée, la commission n'avait qu'à se rappeler ces paroles prononcées en 1843 [1] par celui de qui

(1) Lettre du prince Louis, du 4 décembre 1843. — Voir *Annales de la propriété industrielle*, mai 1863, p. 159.

elle tenait son mandat : « L'œuvre intellectuelle est une
» propriété comme une terre, comme une maison ; elle
» doit jouir des mêmes droits et ne pouvoir être alié-
» née que pour cause d'utilité publique. » Et pour ré-
pondre, elle avait entre les mains les documents de
toute nature, les articles et les brochures innombra-
bles, dont cette question, tant de fois discutée, étu-
diée sous toutes ses faces, épuisée jusque dans les
moindres détails, a depuis tant d'années suscité la publication ; elle avait aussi cet avantage de renfermer
dans son sein des jurisconsultes, des littérateurs, des
savants, des artistes, et quelques-uns de ces représentants de l'imprimerie française, qui, à l'exemple des
Estienne, des Gilles Gourmont, des Geoffroy Tory,
dont ils ont su conserver les glorieuses traditions, savent unir à la science pratique le goût éclairé des lettres ; elle se composait donc d'éléments excellents,
chaque système y avait son défenseur, les discussions
ont été sérieuses et quelquefois passionnées ; il n'est
pas une raison qui n'ait été soutenue, pas un argument qui n'ait été présenté, pas une opinion qui ne se
soit produite ; le temps enfin ne lui a pas manqué,
et s'il arrive à son projet de soulever quelques critiques respectueuses, elle ne pourra pas s'excuser en
disant :

. . . . « Au reste vous saurez
» Que je n'ai demeuré qu'un quart d'heure à le faire. »

Déterminer l'économie de ce projet, montrer quelle
innovation il entend introduire, exposer le système qu'il

a consacré, analyser ses principales dispositions, tel sera l'objet de cette étude.

Pour bien juger la nouvelle loi, il est essentiel de résumer, aussi brièvement que possible, la législation ancienne et celle des différents peuples, d'indiquer les combinaisons diverses qui s'offraient au choix de la commission, nous arriverons ainsi plus sûrement à bien comprendre et à mieux apprécier peut-être, le système qu'elle a cru devoir adopter. Telle sera par la nature même du sujet la division de cette étude.

I. — HISTORIQUE DE LA LÉGISLATION.

Si l'on consulte les recueils des ordonnances royales, des édits du parlement, des arrêts du grand conseil, et les registres du syndicat de la librairie, mine féconde et peu explorée encore (1), on y rencontre un nombre considérable de documents importants relatifs à la publication des œuvres littéraires, mais parmi eux, il n'en existe aucun, à notre connaissance, qui ait attribué aux auteurs, sur leurs œuvres, un droit ayant les caractères juridiques du droit de propriété, un droit absolu, perpétuel, protégé par les règles du droit commun. Sans déterminer encore à quel titre les différents actes que nous allons rencontrer, protégeaient les auteurs, nous devons faire deux observations générales,

(1) On trouvera dans la collection Delamarre, conservée à la Bibliothèque impériale, une histoire complète de la librairie.

qui ne sont pas sans quelque importance. La première, c'est que jusqu'en 1723, il n'est pas un seul de ces actes dans lequel il soit question des artistes ; leur nom ne s'y rencontre même pas une fois ; or, s'il eût existé à cette époque au profit des auteurs un droit de propriété véritable, fondé sur le travail, sur l'effort dépensé et sur le service rendu, ce droit n'aurait-il pas dû, aux mêmes titres, appartenir aux artistes : le leur retirer, c'eût été les mettre hors la loi et se rendre coupable à leur égard d'une injustice que rien n'aurait pu justifier ; mais comment admettre qu'ils aient été frappés d'une semblable exception, à une époque où, tout au contraire, nos souverains leur prodiguaient les distinctions les plus honorables et les plus méritées, et n'est-il pas beaucoup plus raisonnable d'admettre que personne alors ne songeait à la propriété littéraire ? Nous ferons remarquer en second lieu, circonstance selon nous bien frappante, que parmi les actes que nous allons rencontrer, la plupart sont relatifs aux libraires et aux imprimeurs, de telle sorte que ce serait dans des actes conférant certains priviléges à ces industriels, réglementant l'exercice de leur profession, parfois en faveur des lettres, plus souvent encore dans un intérêt de haute police, que l'on irait chercher les titres de la propriété des auteurs. Essayons maintenant de déterminer quelle a été, dans le passé, la situation légale des auteurs. Dans tous les temps il y a eu des plagiaires ; ce n'est point seulement de nos jours qu'il s'est rencontré des hommes dont l'industrie peu scrupuleuse consiste à prendre aux autres ce qu'ils n'auraient pas le talent d'inventer eux-mêmes,

et voilà bien des siècles que le poëte leur appliquait
ces vers célèbres qui n'ont point vieillis (1).

> « Hos ego versiculos feci, tulit alter honores
> » Sic vos non vobis nidificatis aves
> » Sic vos non vobis vellera fertis oves
> » Sic vos non vobis mellificatis apes
> » Sic vos non vobis fertis aratra boves. »

Mais si les auteurs ont toujours été exposés aux pil-
lages les plus audacieux et aux emprunts les moins
autorisés, on n'a découvert jusqu'à présent aucun
texte qui permette de supposer que les lois de l'antiquité aient cherché à les en garantir.

Rien, en effet, n'assurait aux auteurs la propriété
de leurs œuvres, chacun avait le droit de les copier,
soit pour les garder, soit pour les vendre (2), elles étaient
souvent rendues publiques à leur insu ; si elles enri-
chissaient quelqu'un, ce ne pouvait être que le copiste,
le profit matériel n'était pas pour l'écrivain, heureux
encore si l'on pouvait dire de son livre :

> » Hic meret œra liber sociis ; hic et mare transit,
> » Et longum noto scriptori prorogat œvum » (3).

Mais la gloire, quelque prix qu'on y attache, ne peut

(1) Apud donatum. Virgilii vita n° 7.

(2) A Rome, les gens riches et lettrés avaient dans leur maison un esclave
chargé du soin de copier les manuscrits, c'était le *librarius* ; peut-être aussi y
avait-il des copistes travaillant pour leur propre compte, mais le libraire pro-
prement dit ne paraît que sous Auguste, et c'est seulement à cette époque
que le mot *bibliopola* (librairie) s'introduisit dans la langue. — Voir, sur ces
questions, A. Rich, *Dictionnaire des antiquités* ; — H. Gérand, *Essai sur les
livres dans l'antiquité.* — 1840.

(3) Horace, Épître aux Pisons.

satisfaire nos besoins matériels, si elle nous fait vivre
dans les âges les plus reculés, elle est parfois impuissante à nous faire vivre dans le présent; les auteurs auraient donc été réduits à la plus misérable condition, si la générosité des empereurs et des patriciens
ne s'était chargée souvent de payer la dette de la reconnaissance publique; là était leur seule ressource, la loi
ne leur en assurait aucune, et plus tard Juvénal peignant
leur détresse, ne songe à en accuser que l'avarice des
grands qui ne savent plus, comme les Cotta et les
Mécène, les récompenser de leurs travaux et de leurs
jeûnes :

« Quis tibi Mœcenas? qui nunc erit aut Proculeius.
» Aut Fabius? quis Cotta iterum, quis Lentulus alter
» Tunc par ingenio pretium, tunc utile multis
» Pallere, et vinum toto nescire decembri (1). »

Au moyen âge la loi ne protégeait pas davantage les
auteurs. Bien loin de leur garantir la reproduction exclusive de leurs ouvrages on la permet à tous; il semble que
dans l'intérêt même des écrivains, et pour étendre leur
réputation, on cherche à encourager la publication de
leurs œuvres. Ainsi nous trouvons en 1324 une ordonnance de l'Université qui défend aux libraires de refuser
un manuscrit à quiconque veut en faire une copie, et si
une restriction est apportée à ce droit de reproduction,
c'est uniquement dans l'intérêt général. Tout le monde
pourra copier un manuscrit, mais à la condition que
l'original ne contienne rien qui soit contraire à l'ordre

(1) Juvénal, Satire VII.

public et que la copie soit exacte et fidèle. Aussi les écrivains et libraires sont-ils soumis au contrôle de l'autorité et engagés dans les liens d'un serment professionnel ;
aux termes de l'ordonnance que nous avons citée, le
libraire doit s'engager à « ne faire aucune déception ou
» fraude ou mauvaiseté qui put estre au dommage, pré-
» judice, lésion ou villenie de la dite Université, des esco-
» liers ou fréquentants icelles. » Il doit donner à l'Université la liste des ouvrages qu'il vend, et si un écolier
trouve un exemplaire incorrect, il est invité à le déférer
publiquement au recteur, afin que le libraire qui l'a loué
soit puni, et l'exemplaire corrigé par des scholars. —
Nous ne voulons pas insister d'avantage sur cette époque, nous tenions simplement à montrer que l'intervention de l'autorité eut dès l'origine un tout autre but que
de reconnaître et de protéger les droits des auteurs.

Mais une grande révolution industrielle, destinée à
produire une révolution sociale plus grande encore, s'est
accomplie.

La science a donné aux œuvres de la pensée le moyen
de se multiplier à l'infini ; aux lentes et coûteuses copies
des scribes du moyen âge, elle a substitué un mécanisme
ingénieux dont le mouvement rapide va imprimer à l'esprit humain lui-même une merveilleuse activité.

L'imprimerie vient d'être découverte. La France veut
être la première à accueillir cette admirable invention,
et treize années sont à peine écoulées depuis le jour où
Guttenberg commençait à Mayence ses premiers essais,
que trois de ses ouvriers, Ulric Gering, Martin Crantz,
et Michel Friburger, appelés en France par Guillaume
Fichet et Jean de la Pierre, docteurs en théologie,

.étaient installés dans l'illustre maison de Sorbonne, où les services qu'ils allaient rendre aux lettres semblaient leur donner droit de cité.

Les conditions nouvelles qui étaient faites à la reproduction des manuscrits, la facilité avec laquelle il devenait possible de multiplier à l'infini les éditions d'un ouvrage, l'extension qu'allait en recevoir le commerce de la librairie, conduisaient nécessairement à un changement dans les règles, peu nombreuses encore, relatives à la publication des écrits ; quels vont être ces changements. Le pouvoir va-t-il simplement favoriser par une protection éclairée le développement du nouvel art ? Va-t-il mettre les auteurs à l'abri de contrefaçons désormais faciles, et allons-nous, dans la période nouvelle, trouver le germe de la propriété littéraire, que nons n'avons point encore rencontré ? C'est ce qu'il s'agit maintenant de rechercher.

Les premiers actes qui marquèrent l'intervention de l'autorité royale en cette matière sont faciles à caractériser, ils ne lui furent inspirés que par le désir d'acclimater dans le royaume l'art qui venait d'y être importé ; leur objet ne fut point d'attribuer aux auteurs un droit exclusif de reproduction ; il restait permis à chacun d'imprimer les manuscrits, comme autrefois il était loisible de les copier ; on avait compris seulement que pour encourager les premiers essais de l'imprimerie, il fallait assurer à ceux qui les tentaient la garantie d'un monopole.

Déjà des faveurs toutes spéciales avaient été accordées aux imprimeurs. Ainsi, au mois d'avril 1475, dans des termes élogieux que le pouvoir ne devait pas tarder à

désavouer, Louis XI délivrait des lettres de naturalisa-
tion aux imprimeurs étrangers, les exemptant du droit
d'aubaine par considération, « pour cet art et industrie
» de l'impression et pour le profit et utilité qui en vient
» et peut venir à toute la chose publique, tant pour l'aug-
» mentation de la science que autrement » et grâce à la
protection de ce grand monarque, auquel on commence
à rendre justice, le nombre de ces ouvriers de la civilisation s'accroissait avec rapidité (1).

Louis XII, par un édit donné à Blois le 9 août 1513,
leur témoignait une bienveillance non moins grande en
leur accordant des immunités non moins considérables
« pour la considération du grand bien qui est advenu
» en notre royaume au moyen de l'art et science de l'im-
» pression, l'invention de laquelle semble être *plus divine*
» *que humaine*, laquelle, grâces à Dieu, a été inventée et
» trouvée de notre temps, par le moyen et industrie des-
» dits libraires, par laquelle notre sainte foy catholique a
» été grandement augmentée et corroborée, justice mieux
» entendue et administrée, et le divin service plus hono-
» rablement et plus curieusement fait, dit et célébré, au
» moyen de quoy tant de bonnes et salutaires doctrines
» ont été manifestées, communiquées et publiées à tout
» chacun, au moyen de quoi notre royaume précelle tous
» les autres ; et autres innumérables biens qui en sont
» procédés et procèdent encore chacun jour à l'honneur
» de Dieu, et augmentation de notre dite foy catholique,
» comme dit est. »

Grâce à ces encouragements, l'imprimerie, se perfec-

(1) *Notice sur l'Imprimerie nationale,* Auguste Bernard, 1848 ; in-16.

tionnant de jour en jour, commençait à livrer au public un nombre d'ouvrages relativement considérable, sans que les propriétaires des manuscrits ou les auteurs élevassent encore la prétention de se réserver le monopole de la publication.

Le règne de François Ier doit nous arrêter un peu plus longtemps ; ce roi si éclairé qui, attirant à lui pour les combler de dignités et d'honneurs les grands artistes de l'Italie, et ramenant ainsi les arts et les belles-lettres aux sources mêmes du beau, s'est vu maintenir par la postérité ce beau titre de *Père des lettres* que ses contemporains lui avaient donné, ce roi, disons-nous, devait se préoccuper tout à la fois des droits à reconnaître au profit des auteurs et des garanties à assurer aux imprimeurs.

Il était urgent, au surplus, de protéger l'imprimerie d'une façon plus efficace qu'on ne l'avait fait encore ; livrée a elle-même elle courrait le risque tout au moins de demeurer stationnaire ; les premiers imprimeurs avaient travaillé sans concurrence, mais bientôt les secrets de leur art s'étaient répandus, ils avaient trouvé des imitateurs, et ces hommes illustres, imprimeurs de profession, mais gens d'une littérature profonde et d'un goût délicat qui préparaient au prix des plus grand sacrifices ces éditions merveilleuses, chefs-d'œuvre de la typographie, que la science moderne a pu égaler parfois sans les dépasser jamais, se seraient vus obligés, pour éviter la ruine, de chercher le bon marché à la place de la perfection, les textes auraient été altérés, et au lieu de devoir à l'imprimerie la renaissance des lettres nous lui aurions dû leur décadence, si le pouvoir n'eût mis lès imprimeurs à l'abri d'une concurrence si fatale en leur accordant des priviléges.

On n'imprimait guère alors que des manuscrits anciens; les auteurs les plus fameux de l'antiquité restitués à la lumière avaient excité une admiration où la mode avait sa part; — c'était vers les lettres grecques et romaines que se portait le mouvement des esprits. L'Europe toute entière, à peine sortie de la barbarie, recherchait avec ardenr les restes précieux de l'antiquité, et la langue française, cessant de se rattacher aux traditions du moyen-âge, se complaisant dans une imitation, tournant souvent au pastiche, des auteurs classiques; « Renvoie, disait » Ronsard, renvoie tous les chevaliers à la table ronde, lis » et relis les auteurs grecs et latins. » Le Roi, de son côté, avait pour les lettres grecques une prédilection si particulière que les caractères qui servaient alors à imprimer les livres grecs portent encore le nom de *grecs du roi*. Il s'affligeait en pensant que certains ouvrages restaient ensevelis dans les bibliothèques des couvents, et que la crainte de la concurrence empêchait les libraires de risquer les frais d'une première édition, et s'indignait aussi en voyant le premier imprimeur venu, souvent un ignorant, s'emparer sans respect des manuscrit les plus précieux, les altérer par les fautes les plus grossières, et compromettre ainsi la réputation d'écrivains auxquels il rendait une sorte de culte.

Toutes ces raisons conduisirent François Ier à faire acte d'autorité, à confier exclusivement la typographie grecque à un imprimeur de son choix, l'imprimeur Conrad Néobar.

A ces fins il lui délivra à la date du 17 janvier 1538

des lettres patentes ; elles sont trop importantes d'une part, et de l'autre, un abrégé en rendrait trop imparfaitement le caractère pour que nous puissions nous dispenser de les reproduire en entier (1).

« François, par la grâce de Dieu, Roi des Français, à la république française (des lettres), salut.

» Nous voulons faire connaître clairement à tous et à chacun que nous n'avons jamais rien eu tant à cœur que d'assurer aux belles-lettres notre bienveillance spéciale et de pourvoir sûrement, de toute notre puissance, aux études de la jeunesse. Une fois ces études fermement établies, nous pensons que, dans notre royaume, il ne manquera point d'hommes capables d'enseigner la religion dans toute sa pureté, et d'appliquer les lois non d'après leurs propres passions, mais d'après les règles de l'équité publique ; des hommes enfin qui, dans le gouvernement de l'État, feront la gloire de notre règne, et préféreront le bien public à leurs intérêts particuliers.

» Tous ces avantages doivent, en effet, résulter presque exclusivement des bonnes études. En conséquence, après avoir, il y a peu de temps, généreusement assigné à quelques savants des traitements pour instruire à fond la jeunesse dans les langues et les sciences, et la former, autant que possible, aux bonnes mœurs, nous avons considéré qu'il restait encore à faire une chose aussi nécessaire aux progrès des belles-lettres que l'organisation de l'enseignement public : c'est de faire choix d'une per-

(1) Nous avons emprunté au savant livre de M. Duprat, sur l'Imprimerie impériale, la traduction de ces lettres, dont un exemplaire, écrit en latin et imprimé par Néobar lui-même, fait partie d'un recueil appartenant à la Bibliothèque Mazarine (n° 16,019).

sonne qui, sous nos auspices et avec nos encouragements.
s'occuperait spécialement de la typographie grecque, et
imprimerait correctement les manuscrits grecs pour
l'usage de la jeunesse de notre royaume.

» En effet, des hommes distingués dans les lettres nous
ont fait observer que, de même que les ruisseaux découlent de leurs sources, de même des écrivains grecs
découlent les arts, la science de l'histoire, la pureté des
mœurs, les préceptes de la philosophie et presque toutes
les connaissances humaines L'impression du grec, nous
le savons aussi, est beaucoup plus difficile que celle du
français et du latin. Un établissement typographique de
ce genre ne peut être convenablemement dirigé que par
un homme versé dans la langue grecque, excessivement
soigneux et possédant une assez grande fortune. Or,
parmi les typographes de notre royaume, il n'en est peut-
être pas un seul qui puisse remplir toutes ces conditions,
c'est-à-dire la connaissance du grec, une activité soi-
gneuse, et une fortune suffisante. Chez les uns manquera
la richesse, chez les autres l'instruction, chez d'autres
encore autre chose; car les personnes qui possèdent en
même temps instruction et richesse préfèrent une car-
rière quelconque à la typographie, profession extrêmement laborieuse.

» C'est pourquoi quelques savants que nous recevons
comme convives, ou même comme familiers, ont été
chargés par nous du soin de trouver un homme à la fois
plein de goût pour la typographie et connu pour son
érudition et son zèle qui, aidé de nos libéralités, rempli-
rait les fonctions d'imprimeur pour le grec.

» Deux motifs nous ont engagés à servir ainsi les

études : le premier, c'est que, ayant reçu de Dieu tout
puissant ce royaume abondamment pourvu de richesses
et des autres biens nécessaires aux commodités de la vie,
nous voulons qu'il ne le cède en rien aux autres nations
pour le solide établissement de l'instruction, les faveurs
à accorder aux gens de lettres, et la réunion dans notre
pays de toutes les connaissances humaines; le second,
c'est que la jeunesse studieuse, en voyant notre bienveillance pour elle et les justes honneurs que nous rendons
à l'instruction, pourra mettre plus d'ardeur dans l'étude
des lettres et des sciences, et que, de leur côté, les
hommes de mérite, encouragés par notre exemple, donneront des soins encore plus actifs à la formation et à
l'établissement des études de la jeunesse.

»Tandis que nous cherchions à qui nous pourrions
confier avec sécurité les susdites fonctions, Conrad Néobar s'est offert bien à propos; et, comme il ambitionnait
un emploi public qui lui procurât, sous notre protection,
un bien être personnel et l'avantage de servir utilement
l'État; que, de plus, il nous était recommandé par des
gens de lettres nos familiers, au double titre de l'érudition et de l'habileté, il nous a plu de lui confier la typographie grecque, pour que, soutenu de notre libéralité,
il imprime correctement, dans notre royaume, les manuscrits grecs, source de toute instruction.

»Mais, pour que cette nouvelle institution ne trouble
en rien l'ordre public et ne donne lieu à aucune fraude
au détriment de notre typographe Néobar, nous croyons
devoir en déterminer clairement les conditions et les
clauses :

»1° Nous voulons qu'aucun ouvrage ne soit mis sous

presse et publié qu'après avoir subi le jugement des professeurs payés par nous pour l'enseignement de la jeunesse dans l'Université : de telle sorte que les ouvrages
de littérature profane soient approuvés par les professeurs de belles-lettres, et les ouvrages religieux par ceux
de théologie. Avec ces précautions, la pureté de notre
sainte religion sera exempte de superstition et d'hérésie,
l'innocence et l'intégrité des mœurs seront préservées
de la souillure et de la contagion des vices.

» 2° Pour les ouvrages grecs qu'il publiera le premier,
notre imprimeur déposera un exemplaire de chaque
première édition dans notre bibliothèque, afin que, si
quelque calamité publique frappait sans pitié les lettres,
la postérité trouve là le moyen de réparer en partie la
perte des livres.

» 3° Les livres qui sortiront de ses presses porteront,
dans le titre, qu'il est notre imprimeur pour le grec, et
spécialement chargé, sous nos auspices, de la typographie grecque, afin que non-seulement le siècle présent,
mais aussi la postérité apprenne de quel zèle et de quelle
bienveillance nous sommes animé pour les lettres, et
qu'instruite par notre exemple, elle se montre favorable
au solide établissement des études et à leurs progrès.

« Du reste, comme ces fonctions sont, entre toutes,
utiles à l'État, et qu'elles réclament tous les soins de
l'homme qui voudra les exercer avec zèle, tellement que
ses occupations ne lui laisseront pas un moment qu'il
puisse consacrer à des travaux qui le conduiraient aux
honneurs ou à la fortune, nous voulons pourvoir de trois
manières aux intérêts de notre typographe Néobar.

« D'abord, nous lui accordons un traitement annuel

de cent écus d'or, dits au soleil, à titre d'encouragement et pour l'indemniser en partie de ses dépenses.
Nous voulons, en outre, qu'il soit exempt d'impôts, et
qu'il jouisse des autres priviléges que nous et nos an-
cêtres avons accordés au clergé et à l'Académie de Paris ;
de manière qu'il puisse trouver plus de profit dans le
commerce des livres, et se procurer plus facilement tous
les objets nécessaires à l'exercice de la typographie.
Enfin, nous faisons défense à tout imprimeur et à tout
libraire d'imprimer dans notre royaume, ou de mettre
en vente, imprimés à l'étranger, des livres, soit grecs,
soit latins, et ce, pendant l'espace de cinq ans, lorsque
Conrad Néobar les aura imprimés le premier, et de
deux ans, lorsque ce ne sera qu'une réimpression nota-
blement corrigée, d'après d'anciens manuscrits, soit
par lui-même, soit par d'autres.

» Quiconque contreviendra à cet édit sera passible
d'une amende envers notre trésor public, et remboursera
entièrement à notre typographe les frais de ses impressions. Mandons, en outre, au prévôt de la ville de Paris
ou à son lieutenant, et à tous autres qui possèdent ac-
tuellement ou posséderont à l'avenir des magistratures
publiques, de faire jouir, selon son droit, notre typographe des immunités et priviléges à lui accordés, et de
punir sévèrement tous ceux qui le troubleraient injus-
tement ou lui apporteraient un empêchement quelconque. Car nous entendons qu'il soit à l'abri des atteintes
des méchants et de la malveillance des envieux, afin que
le calme et la sécurité d'une vie paisible lui permettent
de se livrer avec plus d'ardeur à ses graves occupations.

» Et pour que la postérité ajoute foi pleine et entière

aux présentes, nous y avons apposé notre signature et notre sceau. Adieu.

Donné à Paris, le dix–septième jour de janvier, l'an de grâce mil cinq cent trente-huit, et de notre règne le vingt–cinquième (1). »

Cette ordonnance est curieuse à plus d'un titre ; elle consacrait d'abord la nécessité de l'approbation préalable, inaugurant ainsi le régime de la censure, puis ensuite, retirant du domaine public des ouvrages qui y étaient tombés depuis longtemps et dont la jouissance appartenait à tous, elle attribuait à un seul le droit de les imprimer, pendant un certain temps, cinq ans dans l'espèce, et fondait par là le système des priviléges, dont la concession, on le voit dès le début, n'aura d'autre règle que le bon plaisir du Roi.

Ce n'est certes pas avec de semblables édits, que les circonstances pouvaient justifier, que l'on parviendra à établir que la propriété littéraire existait sous l'ancienne monarchie ; quoi de plus contraire à cette propriété que cette faculté laissée au souverain de monopoliser ainsi la reproduction des manuscrits anciens, de ne tenir aucun compte de la possession qui en appartenait au public, quand on disposait avec cette facilité de ce qui

---

(1) Néobar mourut en 1540. — Robert Estienne, qui le remplaça comme imprimeur privilégié pour le grec, lui fit l'épitaphe suivante :

> Doctrinâ paucis, nulli probitate secundus
> Conradus fati hic accelerante jacet
> Nam que typographicæ semper labor improbus artis
> Incolumen musis voluit esse diù,
> Sed tamen longo capitis comitante dolore
> Illum musárum spem pariterque rapit.

était la propriété de tous, pouvait-on se croire obligé de
respecter d'avantage les droits des particuliers, et que
dirions-nous aujourd'hui, ou cependant nos lois en cette
matière seraient, suivant quelques uns, inférieures aux
règlements anciens, si un acte du Gouvernement, au
mépris des droits de tous les imprimeurs ou éditeurs,
dont les magasins sont pleins de livres classiques, venait
déclarer que tel libraire aura seul le droit de publier et
de vendre les discours de Démosthènes ou les traités de
Cicéron ?

C'est donc le système du privilége, dans la véritable
acception du mot, que crée l'édit de 1538. Déjà en
1507 un privilége avait été accordé par le parlement de
Paris à Remboldt, imprimeur dans le quartier latin,
pour une édition de saint Bruno ; en 1515, le Roi avait
accordé à son poète, André Fauste, la permission de
publier certains livres, avec défense à tous autres de les
imprimer (1) ; mais les lettres-patentes de 1538 eurent
un caractère de généralité qu'on ne rencontrait point
dans les édits précédents, et c'est pour cela que nous
avons cru utile d'y insister d'une façon plus particulière.

Jusqu'à l'époque où nous sommes arrivés, on n'avait
guère imprimé que des ouvrages anciens, mais avec le
temps, les œuvres nationales étaient devenues plus
nombreuses, et si la littérature française n'était pas encore une puissance, l'heure était venue cependant où le
pouvoir devait s'en occuper et compter avec elle.

Pour la publication de ces œuvres nouvelles nous

(1) *Histoire de l'imprimerie et de la librairie, où l'on voit son origine et ses
progrès jusqu'en* 1689. — Lacaille, Paris, 1689.
Curiosités bibliographiques, 1857. — L. Lalanne, p. 362.

allons retrouver le système de l'approbation et du privilége, et le voir s'organiser d'une façon plus complète.

Il y a là deux formalités distinctes que nous devons
examiner séparément, l'une qui a pour objet de dire si
l'ouvrage peut être livré au public sans danger, l'autre
qui a pour objet d'attribuer à une personne déterminée
le droit de le publier.

I. — *De l'approbation.* — L'approbation, exigée d'une
manière générale par l'édit de 1538, est de beaucoup
antérieure au privilége, et il est difficile d'en déterminer
l'origine.

Ce fut, paraît-il, le concile de Latran qui demanda le
premier que les livres fussent soumis à une révision sé-
vère.

Par la bulle que le pape publia dans la dixième
session de ce concile, il prononça l'excommunication
contre les imprimeurs qui éditeraient des livres contraires
à la religion, dangereux pour les mœurs, ou calomnieux
à l'égard des personnes. Le pape décida, en outre, que
les livres, avant d'être mis sous presse, seraient revus par
les évêques. Tel fut le principe des approbations qui
furent ainsi érigées en mesure de police ecclésiastique
au mois de mai 1515. Nous avons vu François Ier, dans
l'ordonnance de 1538, les enlever au clergé et les confier
à l'Université, mais il ne fallut rien moins que l'amour
passionné que le Roi portait aux lettres, pour triompher
de l'opposition de l'Église qui ne voulait pas abdiquer
ce que l'usage avait consacré comme un de ses droits (1).

Créée d'abord dans l'intérêt des lettres et de la reli-

(1) A. Duprat. — *Histoire de l'Imprimerie impériale de France*, 1861.

gion, la censure devenait bientôt un instrument politique ; grâce à l'imprimerie, les libelles et les pamphlets
se répandaient avec une facilité dont le pouvoir commençait à s'inquiéter ; il se repentait de la faveur avec
laquelle il avait accueilli cette invention dont la puissance devenait dangereuse ; si la censure n'eût déjà existé
on l'eût imaginée, seulement on en fit une mesure générale en l'exigeant pour tous les livres, quel qu'en fût
l'objet.

Des dispositions les plus bienveillantes on passa tout
à coup à une rigueur extrême.

Le 11 décembre 1547 Henri II publiait un édit ordon-
nant « que le nom et le surnom de celui qui a fait un
» livre soit exprimé et apposé au commencement des livres
» et aussi celui de l'imprimeur avec l'enseigne de son
» domicile. »

L'édit donné à Châtellerault, le 27 juin 1551, contenait les prescriptions les plus sévères qui eussent encore été édictées contre la liberté de la presse. Par cet
édit, on prenait les plus grandes précautions contre l'introduction de livres venant de lieux suspects, et entre
autres de Genève. Tous les livres imprimés devaient être
soumis à la censure de la Sorbonne, et la copie signée
d'un manuscrit destiné à l'impression devait être laissée
entre les mains du censeur. A l'arrivée d'un ballot de
livres, le censeur devait être requis et présider lui-même
à l'ouverture du paquet. Les imprimeries et les magasins
des librairies de Paris étaient soumis annuellement à
deux visites du censeur, qui devait aussi inspecter trois
fois par an la ville de Lyon.

La déclaration donnée à Mantes en 1563 par Charles IX,

défendait aux libraires d'imprimer « aucune composi-
» tion de quelque chose qu'elle traite, sans permission
» scellée du grand sceau de la chancellerie, sous peine
» d'être pendus et étranglés. »

Ces mêmes défenses furent renouvelées dans l'ordonnance de Moulins sur la réforme de la justice, du 23 février 1566. Voici les articles qu'elle contenait relativement à la liberté de la presse :

« Défendons très-étroitement à tous nos sujets d'écrire,
» imprimer et exposer en vente aucuns livres, libelles ou
» écrits diffamatoires et convicieux contre l'honneur et
» renommée des personnes, sous quelque prétexte et
» occasion que ce soit. Et déclarons dès à présent tels
» scripteurs, imprimeurs et vendeurs, et chacun d'eux,
» infracteurs de paix et perturbateurs du repos public, et
» comme tels voulons estre punies des peines contenues
» en nos édits. Enjoignons à nos sujets qui ont tels livres
» ou écrits de les brusler dedans trois mois, sous les
» peines de nos dits édits. »

» Défendons aussi à toutes personnes que ce soit d'im-
» primer ou faire imprimer aucuns livres ou traictez sans
» nostre congé et permission, et lettres de privilége ex-
» pédiées sous nostre grand scel : auquel cas aussi en-
» joignons à l'imprimeur d'y mettre et insérer son nom
» et le lieu de sa demeurance, ensemble ledit congé ot
» privilége, et ce sous peine de perdition de biens et pu-
» nition corporelle. »

Ces prescriptions furent encore confirmées par une
déclaration de Charles IX du 16 avril 1571 dont l'article 10 est ainsi conçu : « Défendons l'impression en
» notre royaume de tous nouveaux livres sans notre per-

» mission par lettres de notre grand scel, auxquels sera
» attachée la certification de ceux qui auront vu et visité
» le livre; et ne sera loisible d'imprimer aucun livre,
» sans au commencement et première page d'icelui,
» nommer l'auteur et l'imprimeur. »

Des défenses analogues furent publiées au temps de
la Ligue, et sous le règne de Henri IV.

Louis XIII confirma tous les édits antérieurs par une
ordonnance du mois de janvier 1626, renouvelée encore
par une déclaration du 27 décembre 1627 portant « défen-
» ses à tous imprimeurs et libraires, de faire aucuns livres
» ou livrets, en quelque langue et quelque matière que ce
» soit, sans avoir le privilége scellé de notre grand sceau,
» et non d'autres, à peine de l'amende, de confiscation
» de tous les livres, et d'interdiction pour un an de leur
» exercice de libraire et imprimerie. »

D'autres édits inspirés par les mêmes motifs, mais
dont le nombre est trop considérable pour qu'il nous
soit possible de les rappeler tous dans ce travail,
furent rendus à des époques postérieures, et la liberté
d'écrire resta soumise au même régime jusqu'à la révolution.

Les approbations exigées par les anciens règlements
étaient délivrées par des commissaires spéciaux connus
sous le nom de *censeurs royaux ;* il y en avait un certain
nombre pour chaque branche des connaissances humaines.

Un édit du mois d'août 1686 avait institué soixante-
dix-neuf censeurs royaux, savoir : dix pour les ouvrages
de théologie, onze pour la jurisprudence, douze pour
les sciences médicales et physiques, huit pour les ma-

13

thématiques, trente-six pour l'histoire et les belles-lettres, et deux pour les beaux-arts (1).

Cette censure administrative, qui s'exerçait sans aucune espèce de contrôle, et qui, si la propriété littéraire eût existé, l'eût rendue la plus fragile de toutes les propriétés, avait pour but d'empêcher toute publication considérée comme dangereuse ; elle devait donc s'exercer préalablement à l'impression, tous les auteurs y étaient soumis sans exception, les évêques seuls en étaient affranchis. Les censeurs, car souvent il y en avait plusieurs pour un même livre, recherchaient si les doctrines qu'il contenait n'étaient point contraires au respect dû à l'autorité royale, au dogme de la religion et aux opinions admises. Ils prononçaient sans appel, mais quand ils donnaient la permission, ils semblaient se complaire à la motiver dans des termes qui pouvaient passer pour une sorte de réclame faite au profit de l'auteur ou tout au moins de ses idées. Nous donnons au surplus le texte d'une double approbation délivrée à un même ouvrage, le catéchisme historique de Fleury, pour mieux faire comprendre la nature et le mécanisme des approbations (2).

---

1) Chéruel, — *Dictionnaire des institutions de la France.* V° CENSURE.

(2) *Catéchisme historique,* par M. l'abbé Fleury, prêtre, prieur d'Argenteuil et confesseur du Roi à Paris, 1734. — Avec approbation et privilége du Roi.

APPROBATION DE MONSEIGNEUR L'ÉVÊQUE DE MEAUX.

« Nous avons lu et soigneusement examiné le livre qui a pour titre *Caté-*
» *chisme historique,* où l'auteur a expliqué les mystères et les fondements de
» la religion chrétienne dans le même ordre, et, pour ainsi dire, avec la même
» méthode dont Dieu s'est servi pour les proposer à son église par la suite des
» faits merveilleux de l'Ancien et du Nouveau-Testament, et par celle des ins-

C'était, on le conçoit, une formalité périlleuse à remplir que de se munir des approbations nécessaires, ce n'était point parmi les censeurs qu'il fallait chercher des modèles d'indépendance, et ceux qui en témoignèrent un peu, furent trop sévèrement punis pour qu'on ait été tenté de suivre leur exemple ; ainsi au mois de février 1759, un arrêt des chambres assemblées, ayant condamné le livre de l'Esprit, a être brûlé par la main du

» tructions qu'il lui a plu nous donner; premièrement, par les patriarches et par
» les prophètes et ensuite par Jésus-Christ et par ses apôtres, dont l'Église ca-
» tholique a recueilli et conservé les enseignements comme un dépôt précieux.
    » Cette méthode, propre à imprimer dans les cœurs et dans la mémoire la
» doctrine chrétienne, à faire entrer les fidèles dans l'ordre des conseils de Dieu,
» par lesquels nous sommes sauvés, et à les rendre capables de toutes les instruc-
» tions qu'ils reçoivent dans l'Église, rendra ce catéchisme très-utile : et comme
» d'ailleurs il est conforme à la foi catholique, apostolique et romaine, nous
» le recommandons en Notre-Seigneur, principalement à ceux que Dieu a sou-
» mis à notre conduite.
    » Donné à Faremoutier, dans le cours de notre visite, le 12 mai 1683.

                            « † J. BENIGNE, évêque de Meaux. »

APPROBATION DE M. PIROT, DOCTEUR ET PROFESSEUR DE SORBONNE.

    » La méthode qu'on tient dans cet ouvrage pour instruire des vérités de la
» religion, donne tant de facilité à y entrer, qu'il ne peut être que très-utile.
» L'auteur y met une suite de faits, dont les uns sont marqués par l'Écriture,
» les autres par la tradition, d'où à mesure qu'il avance, il prend occasion de
» développer les mystères de la foi et les dogmes catholiques; et c'est un grand
» secret pour s'attirer l'application des lecteurs et gagner le cœur par l'esprit,
» qui ne se fera un plaisir digne d'un chrétien, quand il apprendra à suivre le
» narré de l'Histoire-Sainte, et y faire avec l'auteur, qui sera son guide, les
» observations nécessaires, pour se remplir de la doctrine de l'Église. C'est le
» succès que je souhaite à ce livre qui part d'une main assez connue pour habile,
» mais dont le travail est bien plus à estimer, pour la fin unique qu'elle s'y pro-
» pose de piété et d'édification.
    » En Sorbonne, le 21 mai 1683.

                            « PIROT. »

bourreau. M. Tercier, premier commis des affaires
étrangères qui avait donné l'approbation, fut privé de
son emploi et puni aussi sévèrement que l'auteur, ainsi
que nous l'apprend le passage suivant du journal de
Barbier. « M. Tercier, homme de mérite et très-néces-
» saire dans son emploi, qui lui valait environ 20,000 li-
» vres de rente, en a été renvoyé avec, dit-on, une pen-
» sion de 3,000 livres, et M. Helvetius a eu ordre de se
» défaire de sa charge de maître-d'hôtel ordinaire de la
» reine, en sorte que voilà des gens disgraciés et désho-
» norés. On dit que c'est l'ouvrage de M. le dauphin,
» pour empêcher dorénavant qu'on ne fasse aucun ou-
» vrage contre la religion et les mœurs (1).

Quant au malheureux auteur, lorsqu'il avait obtenu
l'approbation, il n'était pas débarrassé de tous soucis ; il
n'en était pas quitte à si bon marché ; le pouvoir ne se
croyait lié en aucune façon vis-à-vis de lui par la permission émanée de ses commissaires ; non-seulement
son ouvrage pouvait être soumis à un nouvel examen,
mais il n'était même pas à l'abri de poursuites. Ainsi
l'on a beaucoup d'exemples de livres condamnés par la
faculté de théologie et permis par la chancellerie ou le
parlement, et réciproquement. Nous voyons qu'en 1561,
la cour faisait saisir une histoire des Albigeois dont le
parlement avait autorisé la publication. Quelque temps
après, Catherine de Médicis s'étant plainte d'une permission donnée par le même corps de publier un livre intitulé : *Harangue sur les causes de la guerre, entreprise
des séditieur*, dont le onzième feuillet contenait, suivant

(1) Journal de l'avocat Barbier, vol. 7, p. 137, février 1759.

elle, un propos faux et scandaleux, le parlement et le libraire s'excusèrent en disant que la faculté de théologie
l'avait visité et approuvé (1).

On voit par là quelle confusion régnait dans cette matière, tout le monde voulait censurer : le clergé d'abord,
l'Université ensuite, et le parlement enfin prétendait
souvent refaire l'œuvre des censeurs royaux ; de là de
grandes querelles qui se terminaient d'ordinaire par
quelque acte d'autorité du Roi et par la soumission du
parlement, mais toujours au grand détriment des auteurs.
Barbier, dans son journal, nous en fournit un curieux
exemple à l'occasion du dictionnaire de l'Encyclopédie :
« Du 7 février, assemblée des chambres au sujet du
» Dictionnaire de l'Encyclopédie. Le parlement n'a pas
» été satisfait, dit-on, des observations faites par les com-
» missaires nommés par la cour pour examiner les sept
» tomes qui ont été donnés au public ; et, en effet, l'ou-
» vrage n'est pas facile. — La cour a arrêté que M. le
» président choisirait personnellement deux théologiens
» d'une part, et deux jurisconsultes d'une autre pour faire
» cet examen. . . . . . »

Et alors le chancelier, qui regarda cet arrêt du parlement comme une entreprise sur ses droits, « fit une nou-
» veauté par rapport aux censeurs royaux. Il en a en-
» voyé une liste au bureau de la librairie pour y être en-
» registrée, apparemment pour que les libraires ne
» reconnaissent point d'autres censeurs que ceux nommés
» par le chancelier, c'est-à-dire par le Roi. »

Il n'y avait donc aucun droit établi, tout était remis à

(1) C. Leber. — *De l'état réel de la presse et des pamphlets jusqu'à Louis XIV.*
In-8°, p. 8. — 1832.

.l'arbitraire ; le livre permis la veille pouvait être défendu
le lendemain, l'ouvrage qui, devant le parlement avait
trouvé grâce, était condamné au feu par le grand conseil ; un pareil système conduisait nécessairement les
auteurs à se soustraire le plus possible aux exigences de
l'autorité, on faisait sous le manteau ce qu'on ne pouvait
faire ouvertement, et grâce aux imprimeries étrangères
et aux librairies clandestines, la France, abondamment
fournie d'écrits de tous genres, de pamphlets ardents, de
satires licencieuses, de libelles violents, répandus par
milliers, ne s'apercevait guère des entraves apportées à
la liberté d'écrire.

C'est ainsi que se vengeait des contraintes administra-
tives qui lui étaient imposées, cette liberté de la pensée,
que nul ne peut contenir et dont on disait déjà au sei-
zième siècle. « Il est aussi peu en la puissance de toute
» la faculté térienne d'engarder la liberté française de
» parler, comme d'enfouir le soleil en verre, ou l'enfer-
» mer dans un trou. »

En effet, dès cette époque, les pamphlets et les libelles
abondaient partout ; les mesures répressives qui se suc-
cédaient sans interruption ne faisaient qu'en augmenter
le nombre ; la Ligue donnait un nouvel aliment au commerce des livres défendus ; alors, dit l'Estoile : « s'ani-
» ma la plume des mieux écrivans, tant d'un parti que
» d'autre, de telle façon qu'il n'oïoit parler d'autre chose à
» Paris, et en cours que de nouveaux libelles, contenant
» les raisons et défenses, et pareillement les accusations
» de chaque part (1). » — Aussitôt après l'assassinat de

(1) Journal de l'Estoile.

Henri III, en 1589, Paris fut inondé « d'escrits et li-
» belles diffamatoires civils et publics dans cette ville,
» contre la mémoire de ce pauvre prince, du nombre
» desquels sont ceux qui suivent, imprimés avec privilége
» de la sainte union, signé Hénault, revus et approuvés
» par les docteurs en théologie, que j'ai extraicts de mon
» inventaire, et que j'ai gardés et garde pour tesmoins à
» la postérité de leur doctrine, par laquelle ils vendaient
» les places de paradis aux assassins, aussi naïvement que
» pourrait faire un marchand les sièges d'une foire, la-
» quelle vendition toutefois se fait plus aisément de là
» qu'elle ne se livre là haut (1). »

· Enfin à toutes les époques, à côté des livres autorisés
il y eut, et ce n'était ni les moins nombreux ni les moins
recherchés, les livres imprimés en secret et dépourvus
de cette approbation préalable, que l'on craignait trop
pour oser la solliciter, et dont l'absence en donnant à
l'ouvrage l'attrait du fruit défendu, en augmentait tellement le prix, que pour le succès d'un livre, fût-il le plus
mauvais, mieux valait la sévérité du pouvoir que son
mépris. — « Combien la condamnation n'en a-t-elle pas
fait connaître que leur médiocrité condamnait à l'oubli?
— Combien de fois le libraire et l'auteur d'un ouvrage
privilégié n'auraient-ils pas dit aux magistrats de la
grande police : Messieurs, de grâce, un petit arrêt qui
me condamne à être lacéré et brûlé au bas de votre grand
escalier? Quand on crie la sentence d'un livre, les
ouvriers de l'imprimerie disent : « Bon, encore une édition (2)! » Mais jamais, peut-être, la France ne vit appa-

(1) Journal de l'Estoile.
(2) Diderot, — *Lettre sur le commerce de la librairie.*—1767.

raître un plus grand nombre d'écrits clandestins que sous
le ministère de Mazarin ; ils sont aussi nombreux, disait
un contemporain, que les mouches pendant les plus
fortes chaleurs : « *Quam sit muscarum et crabonum
quum calet maxime* (1). »

Tout le monde en faisait, depuis les écrivains les plus
connus, jusqu'aux chanteurs du Pont-Neuf, et le cardinal, ne pouvant arrêter ce débordement de la verve gau-
loise, prit le parti de faire lui-même des mazarinades (2).
Sous le règne de Louis XIV, de Louis XV, on publia
également un grand nombre d'écrits sans autorisation ;
les imprimeries clandestines se multipliaient, les jansé-
nistes notamment en entretenaient un grand nombre ;
c'est en vain que la police faisait des perquisitions,

> « Lieutenant civil et commissaire
> » Chez les imprimeurs font fouiller,
> » De nuit, par cruauté extrême,
> » Jusque dans la cave même. »

que des édits sévères étaient rendus ; on ne pouvait
empêcher la liberté de se faire jour, l'avidité des libraires,
la curiosité du public, et les passions des partis étaient
plus forts que les règlements et donnaient du courage
aux plus timides. « Bordez, messieurs, toutes vos fron-
» tières de soldats, écrivait Diderot (3), armez-les de baïon-
» nettes pour repousser tous les livres dangereux qui se
» présenteront, et ces livres, pardonnez-moi l'expression,

(1) Naudé. — *Jugement de tout ce qui a été imprimé contre le cardinal de Mazarin.*
(2) *Bibliographie de mazarinades.* M. P. Moreau, 3 vol. in-8°.
(3) Lettre sur le commerce de la librairie, 1767.

» passeront entre leurs jambes, et sauteront par-dessus
» leurs têtes et nous parviendront.

» Citez-moi, je vous prie, un de ces ouvrages dange-
» reux, proscrits, qui, imprimés clandestinement chez
» l'étranger ou dans le royaume, n'ait été en moins de
» quatre mois aussi commun qu'un livre privilégié. Quel
» livre plus contraire aux bonnes mœurs, à la religion,
» aux idées reçues de philosophie et d'administration, en
» un mot à tous les préjugés vulgaires, et par conséquent
» plus dangereux que les *Lettres persanes ?* Que nous
» reste-t-il à faire de pis? Cependant il y a cent éditions
» des *Lettres persanes*, et il n'y a pas un écolier des Quatre-
» Nations qui n'en trouve un exemplaire sur le quai
» pour ses douze sous (1). » Parfois cependant les peines
les plus rigoureuses étaient prononcées ; à certaines
époques la peine de mort fut même appliquée ; d'autre
fois ce fut la prison et le bannissement. En 1623, le poète
Théophile, auteur du *Parnasse des poètes satiriques,*
fut condamné au bannissement. En 1689, Chavigny,
ayant publié un libelle contre Le Tellier, fut conduit au
mont Saint-Michel et enfermé dans une cage en fer, où
il passa trente ans. En 1762, le parlement fit brûler par
la main du bourreau l'*Emile* de Jean-Jacques Rousseau,
et décréta l'auteur de prise de corps. Bachaumont,
dans ses mémoires secrets, raconte à la date du 2 octobre 1768 : « Qu'on a exécuté ces jours-ci, un arrêt du
» parlement qui condamne Jean-Baptiste Josserand, gar-
» çon épicier, Jean Lecuyer, brocanteur, et Marie Suisse,
» femme dudit Lecuyer, au carcan pendant trois jours

(1) *Journal de Barbier,* t. 8, p. 45.

» consécutifs, condamne en outre le dit Josserand à la
» marque et aux galères pendant neuf ans, ledit Lecuyer
» aussi à la marque et aux galères pendant cinq ans, et
» ladite Marie Suisse à être renfermée pendant cinq ans
» dans la maison de force de l'Hôpital-général, pour avoir
» vendu des livres contraires à la religion et aux bonnes
» mœurs. »

Tel était le système des approbations. Que le fait ait
mieux valu que le droit, que les lois aient été souvent
enfreintes par la force des choses, que même sous certains règnes on ait montré une si grande indulgence,
qu'un auteur ingénieux a pu soutenir ce paradoxe, que
la presse n'avait jamais été et ne sera jamais plus libre
qu'elle le fut avant le règne de Louis XIV (1). Qu'il y ait
eu avec la police certains accommodements favorables
à la liberté, nous ne le contestons pas; mais il n'en est
pas moins vrai que la publication d'un livre dépendait
d'une autorisation que le pouvoir était libre non-seulement de ne pas accorder, mais, ce qui est bien plus grave,
de retirer après l'avoir accordée, il n'en est pas moins
vrai que la situation des auteurs et des libraires était des
plus précaires, et que les édits qui les frappaient des
peines les plus sévères, quand ils y désobéissaient, ne
leur accordait aucune garantie sérieuse quand ils rem-
plissaient les formalités prescrites ; qu'en un mot la faculté de publier sa pensée n'a jamais été plus cruelle-
ment réprimée ni plus sévèrement contrainte dans le
droit. Si les auteurs avaient eu sur leurs œuvres, nous

---

(1) Ch. Nodier. — *De la liberté de la presse avant Louis XIV*, à propos d'un
petit livre intitulé : *au Tigre de la France.* — 1834.

ne disons même pas un droit de propriété, mais un droit quelconque reconnu par l'État, assimilé à ces droits nombreux dont nos anciennes coutumes garantissaient l'exercice, est-il permis de croire qu'on les eût traités avec aussi peu de ménagements !

II. — *Du privilége*. — Mais à côté de l'approbation il y avait le privilége. Pour publier ses œuvres et pour empêcher qu'un étranger ne vînt s'en emparer et l'imprimer de son côté, il ne suffisait pas à l'auteur de s'être fait délivrer par les censeurs un certificat d'orthodoxie et de moralité, il lui fallait encore obtenir de la faveur royale des lettres de privilége, c'est-à-dire une concession individuelle née de cette opinion qu'il n'existait de droits que ceux qui étaient octroyés, et de publications légitimes qu'après une permission préalable.

L'approbation était donnée au livre, le privilége à la personne, mais tous deux découlaient de la même source, c'est-à-dire de l'arbitraire.

De même que les censeurs royaux prononçaient souverainement sur le sort du livre traduit devant leur tribunal, de même le Roi en refusant le privilége, pouvait condamner l'ouvrage à ne jamais voir la lumière, à moins que l'auteur ne prît le parti de recourir aux presses clandestines; mais alors c'était s'exposer soit à être frappé de peines souvent fort graves, soit à être victime de contrefaçons autorisées. En dehors du privilége, en effet, il n'y avait pas de droit; les publications ainsi faites n'obtenaient aucune protection, loin de constituer un droit qui pût réclamer des garanties, elles étaient une infraction aux lois, un délit dont s'emparait souvent l'omnipotence parlementaire.

L'histoire des priviléges serait curieuse à faire; elle démontrerait jusqu'à l'évidence que la jouissance du fruit de ses travaux n'appartenait pas à l'auteur par le seul effet de la loi; il pouvait bien composer un livre dans l'intérieur de son cabinet et rester propriétaire de son manuscrit à la condition de le tenir sous clefs, mais il n'avait pas le droit d'usage, le droit de publication, ce n'était pas seulement des conditions restrictives qui étaient apportées à l'exercice de ce droit, il lui faisait complétement défaut, et ne pouvait exister à son profit que par la concession plus ou moins étendue que l'autorité, souveraine en cette matière, daignait lui accorder. — Nous ne ferons pas l'analyse de tous les documents qui constatent cette vérité, nous nous contenterons d'indiquer les principaux.

Nous avons déjà dit que l'origine des priviléges se trouvait dans l'ordonnance de François Ier, de 1538, conférant à l'imprimeur Néobar un privilége pour les livres grecs. Des mesures de ce genre devinrent de plus en plus fréquentes, le privilége, uni au sort de l'approbation, fut bientôt nécessaire pour toute espèce de publication, et dans les édits que nous avons déjà cités, on a vu que, vers 1563, personne ne pouvait publier un ouvrage quelconque sans des lettres de privilége scellées du grand sceau.

Ces prescriptions éparses dans de nombreux édits furent réunies par les soins du chancelier d'Aguesseau en un réglement unique qui porte la date du 27 février 1723. — Il fut édité en 1744, avec les ordonnances antérieures par le libraire Saugrain, sous le nom de *Code de la librairie*.

Ce règlement contient une foule de dispositions étrangères à la question qui nous occupe, le titre XV relatif aux priviléges est le seul qui puisse nous intéresser (1).

(1) TITRE XV.

DES PRIVILÉGES ET CONTINUATION D'ICEUX POUR L'IMPRESSION DES LIVRES.

ART. 101. — Aucuns libraires ou autres ne pourront faire imprimer ou réimprimer, dans toute l'étendue du royaume, aucuns livres, sans en avoir préalablement obtenu la permission par lettres scellées du grand sceau ; lesquelles ne pourront être demandées ni expédiées, qu'après qu'il aura été remis à M. le chancelier, ou garde des sceaux de France, une copie manuscrite ou imprimée du livre pour l'impression duquel lesdites lettres seront demandées.

ART. 102. — Ne pourront pareillement, lesdits libraires ou autres, faire imprimer ou réimprimer aucuns livrets, ni des feuilles volantes et fugitives, sans en avoir obtenu permission du lieutenant général de police, et sans une approbation de personnes capables et choisies par lui pour l'examen ; et sous ledit nom de livrets, ne pourront être compris que les ouvrages dont l'impression n'excédera pas la valeur de deux feuilles en caractère de cicéro.

ART. 103. — Aucuns livres ou livrets ne pourront être imprimés ou réimprimés, sans y insérer au commencement ou à la fin des copies entières, tant des priviléges et permissions, sur lesquels ils auront été imprimés ou réimprimés, que de l'approbation de ceux qui les auront lus et examinés avant l'obtention desdits priviléges et permissions.

ART. 104. — Si les ouvrages, pour l'impression desquels on demande des priviléges ou permissions, contiennent plusieurs traités, parties ou volumes, dont il n'y aura que les premiers d'achevés quand les permissions seront accordées, aucuns librairies, imprimeurs, ou autres, ne pourront imprimer ou faire imprimer, en vertu desdites permissions, aucunes parties desdits ouvrages, avant que lesdites parties qui n'ont pas été examinées avant l'obtention desdites permissions, aient été examinées et approuvées ; ce qui sera exécuté même à l'égard des préfaces, avertissements, épitres dédicatoires, suppléments, tables et autres ; les imprimés seront entièrement conformes aux exemplaires vus par les examinateurs, sans qu'on puisse rien changer, ajouter ou diminuer aux titres desdits livres ou livrets, dans les affiches ou placards qui en seront mis aux lieux accoutumés ; et pour cet effet, les imprimeurs, libraires et autres, seront obligés, après l'impression achevée, de remettre ès-mains de M. le garde des sceaux, l'exemplaire manuscrit sur lequel elle aura été faite, ou un exemplaire imprimé paraphé par l'examinateur.

ART. 105. — Les quatre articles ci-dessus seront ponctuellement exécutés, à peine, contre les contrevenants, de demeurer déchus de tous les droits portés

Indépendamment de l'approbation, dont nous avons déjà

par les permissions ou priviléges, et d'être procédé contre eux par confiscation d'exemplaires, amende, clôture de boutique, et d'autres plus grandes peines s'il y échoit.

ART. 106. — Lesdites lettres de privilége ou permission seront, dans les trois mois du jour de leur obtention, enregistrées sur le registre de la communauté des imprimeurs et libraires de Paris, fidèlement, tout au long, sans interruption, ni ratures, à peine de nullité d'icelles ; et aucun livre ne pourra, sous la même peine, être affiché ni exposé en vente, qu'après ledit enregistrement.

Les cessions desdites lettres seront pareillement enregistrées sur le même registre, au plus tard, trois mois après la date desdites cessions, et tout au long, à peine de nullité. Veut Sa Majesté que la même chose soit observée à l'égard des permissions accordées pour l'impression des livrets avant qu'elle puisse avoir été commencée. Et sera, ledit registre de la communauté des libraires et imprimeurs de Paris, communiqué à toutes personnes, pour y faire telles recherches et tels extraits que chacun avisera, au moyen de quoi lesdits lettres seront censées avoir été suffisamment signifiées, nonobstant toutes dispositions à ce contraires, auxquelles Sa Majesté déroge expressément.

ART. 107. — Pourront, les livres pour lesquels auront été obtenues lettres de privilége ou permisson, être imprimés dans l'étendue du royaume. Défend, Sa Majesté, d'en faire imprimer aucun hors de d'icelui, à peine de confiscation des exemplaires, et de quinze cents livres, applicables, moitié au profit de l'Hôtel-Dieu, et l'autre moitié au profit de la communauté.

ART. 108. — Tous libraires, graveurs et autres personnes, qui obtiendront des priviléges ou permissions du grand sceau pour l'impression, réimpression ou gravures des livres, feuilles, estampes, seront tenus, avant que de les pouvoir afficher et exposer en vente, de remettre sans frais entre les mains des syndic et adjoints, cinq exemplaires brochés de chacun des livres, feuilles et estampes qu'ils auront imprimés ou fait imprimer en vertu desdites lettres de privilége ou de permission ; desquels cinq exemplaires lesdits syndic et adjoints seront tenus de se charger sur un registre particulier, et d'en donner un reçu, pour être par eux lesdits exemplaires remis huitaine après, sçavoir : deux au garde de la bibliothèque publique de Sa Majesté, un au garde du cabinet du Louvre, un en la bibliothèque de M. le garde des sceaux de France, et un à celui qui aura été choisi pour l'examen desdits livres, feuilles ou estampes; comme aussi lesdits imprimeurs, libraires, graveurs, ou autres, remettront, sans frais, entre les mains desdits syndic et adjoints des libraires et imprimeurs de Paris, trois exemplaires brochés de toutes les impressions et réimpressions de livres, feuilles et estampes ; desquels exemplaires lesdits syndic et adjoints se chargeront, pour être employés aux affaires et besoins de ladite communauté ; le tout à peine

parlé, le règlement de 1723 exige d'une façon générale,

de nullité des lettres de privilége ou permission, de confiscation des exemplaires, et quinze cents livres d'amende. Enjoint auxdits syndic et adjoints d'y tenir la main, et de saisir tous les exemplaires des livres, feuilles et estampes, qui seront mis en vente et affichés avant qu'il ait été satisfait à ce qui est ordonné par le présent article ; ce qui sera pareillement observé pour les livres et autres écrits imprimés avec permission des juges de police.

ART. 109. — Défend, Sa Majesté, à tous imprimeurs et libraires du royaume de contrefaire les livres pour lesquels il aura été accordé des priviléges ou continuation des priviléges, et de vendre et débiter ceux qui seront contrefaits sous les peines portées par lesdits priviléges ou continuation de priviléges, qui ne pourront être modérées, ni diminuées par les juges ; et en cas de récidive, les contrevenants seront punis corporellement et déchus de la maîtrise, sans qu'ils puissent, directement ou indirectement, s'entremettre du fait de l'imprimerie et du commerce de livres.

ART. 110. — Ne pourront lesdits libraires et imprimeurs, ni autres, demander aucuns priviléges, pour l'impression des factums, des mémoires, requêtes, placets, billets d'enterrements, pardons, indulgences, monitoires, et seront lesdits ouvrages indifféremment imprimés par les imprimeurs dont les particuliers voudront se servir. Pourront les imprimeurs et libraires, imprimer ou faire imprimer les pardons, indulgences et autres ouvrages propres à chaque diocèse, sur les priviléges spéciaux qu'en auront obtenus les évêques.

ART. 111. — Veut néanmoins, Sa Majesté, que les factums, requêtes ou mémoires ne puissent être imprimés, si les copies qui seront remises entre les mains des imprimeurs ou libraires ne sont d'un avocat inscrit sur le tableau ou d'un procureur. Les arrêts de la Cour de parlement et de la Cour des aides de Paris ne pourront être imprimés sans permission particulière desdites Cours obtenue par arrêt sur requête présentée à cet effet, à peine, contre les contrevenants de deux cents livres pour la première fois, et à l'égard des imprimeurs, en cas de récidive, d'être suspendus de leurs fonctions pendant trois mois, à l'exception, néanmoins, des arrêts de règlement, et de tous ceux qui concernent l'ordre et la discipline publique, qui doivent être imprimés par les soins des procureurs généraux de Sa Majesté, comme aussi des arrêts d'ordre et d'homologation des contrats pour être signifiés aux parties.

ART. 112. — Défend, Sa Majesté, à tous graveurs, imagers et dominotiers, d'imprimer ou faire imprimer, vendre et débiter aucunes cartes de géographie, et autres planches, ni explication étant au bas d'icelles, sans priviléges du grand sceau, ou permissions du lieutenant général de police, qui seront enregistrés sur le livre de la communauté des libraires et imprimeurs de Paris, ainsi qu'il est prescrit par l'article 106.

comme seconde condition, l'obtention d'un privilége : aucun libraire, aucun auteur ne pourra faire imprimer ou réimprimer de livres sans lettres du grand sceau ou privilége. — Quant à la concession du privilége, elle n'est soumise à aucune règle, le Roi garde sa liberté pleine et entière ; c'est le régime de la faveur consacré par la loi. Mais avant de rechercher si tel est en effet le vrai caractère de ces priviléges, qu'il nous soit permis de rappeler en peu de mots les célèbres débats dont ils furent l'occasion. Considéré déjà non comme la sauvegarde légitime d'un droit de propriété, mais comme la consécration du monopole, de l'exclusif, comme l'on disait alors, le système du règlement de 1723 fut violemment attaqué au nom de la liberté de l'industrie et souvent battu en brèche par les arrêts du parlement lui-même. Ces attaques, il faut bien le dire, quoique légitimes au fond, étaient inspirées par l'intérêt plus encore que par le sentiment du droit. Elles furent dirigées, comme il arrive souvent, par ceux qui haïssaient les priviléges par regret de n'en point avoir, contre ceux qui les défendaient par reconnaissance de les avoir obtenus, c'est-à-dire par les libraires de Paris contre les libraires de province.

Les libraires de Paris, qui formaient une corporation puissante, non-seulement s'étaient fait délivrer des priviléges pour la plupart des ouvrages, mais avaient été jusqu'à se faire donner le monopole de la librairie dans certaines villes (1).

_____

(1) C'était un libraire de Paris, Étienne Ganeau, qui, en 1707, avait le privilége de la librairie dans la ville de Trévoux et dans toute la souveraineté de Dombes. — (Extrait des registres du Parlement de Dombes).

Il en résultait que les libraires de province se trouvraient réduits ou à se faire contrefacteurs, ou à fermer leurs magasins, ce qui d'un côté pouvait les mener à la prison, et de l'autre les conduisait nécessairement à la ruine. Dans cette fâcheuse alternative ils s'adressèrent au parlement, c'était pour lui une belle occasion de faire acte d'autorité, il ne la laissa pas échapper; il rendit arrêts sur arrêts contre la prorogation des privilèges, sans distinguer entre les auteurs de l'antiquité et les auteurs modernes. Lorsqu'il s'agissait d'un ouvrage ancien, ses arrêts étaient fondés sur ce motif que le livre étant tombé dans le domaine public, il eût été injuste d'en faire au profit d'un seul l'objet d'une attribution exclusive; mais quand il s'agissait de la publication d'ouvrages nouveaux, cédés par leur auteur à un libraire ou exploités par lui-même, le parlement ne pouvait plus être déterminé par les mêmes raisons, et en s'opposant à la perpétuité des privilèges en la personne des écrivains ou de leurs cessionnaires, il montrait par là, qu'il ne fallait pas les considérer comme le titre authentique d'une propriété de droit commun. Il est vrai que le grand conseil, qui se trouvait rarement d'accord avec le parlement, restreignait ses arrêts aux livres anciens originairement publiés d'après des manuscrits devenus communs, et admettait le renouvellement des privilèges pour les autres; mais pour être renouvelé, le privilége ne changeait pas de nature et conservait le caractère qu'il avait eu dès l'origine. Quel était ce caractère? Ce que nous avons déjà dit a pu l'indiquer en partie.

Certains publicistes, désireux de trouver des arguments en faveur de la propriété littéraire, ont soutenu que le privilége loin d'exclure la propriété de l'auteur la consacrait au contraire ; à les entendre, le mot *privilége* ne devrait pas être pris dans son véritable sens, et au lieu d'être une faveur, source du droit, ce serait la sauvegarde officielle d'une propriété préexistante.

C'est ainsi qu'en 1777 les libraires de Paris soutenaient, dans un mémoire de Cochut, leur avocat, « que le » privilége supposait la propriété, qu'il en réglait seule- » ment l'exercice et assurait la propriété contre l'injustice » et l'usurpation. — Le privilége, disait Linguet, est » une reconnaissance faite par l'autorité publique de la » propriété de l'auteur ou de ses cessionnaires. C'est en » littérature l'équivalent des actes notariés ou de juge- » ments qui transmettent et assurent les droits des ci- » toyens, surtout ce qui compose ce qu'on appelle *des pos-* » *sessions civiles* (1) ; » et de nos jours enfin quelques auteurs reprenant ces théories, soutenues au dix-huitième siècle dans les procès des libraires, ont essayé de démontrer, à l'aide des plus savantes recherches, que le privilége n'était autre chose qu'une approbation authentique donnée à l'ouvrage et qu'il supposait la propriété (2).

Mais il nous semble que cette doctrine repose tout à la fois sur une confusion entre l'approbation et le privilége et sur l'oubli des termes dans lesquels les règlements étaient conçus et les priviléges concédés. — Ce qui pouvait être considéré comme le passeport du livre, ce qui constituait l'attestation donnée par l'autorité que l'ouvrage pouvait être publié sans inconvénient, c'était l'ap-

(1) *Annales politiques, civiles et littéraires* de Linguet, t. 3, p. 12, 1777.
(2) *La propriété littéraire au dix-huitième siècle,* Laboulaye et Guiffrey, 1859.

probation ; donc, si le pouvoir n'était intervenu que
pour examiner et dire si l'ordre public ne serait pas
troublé par la publication du livre, son rôle n'aurait pas
été au-delà de la délivrance de l'approbation ; mais nous
avons vu qu'à la suite de l'approbation venait le privilége, et à moins de confondre ces deux formalités, il faut
donc reconnaître qu'elles ne pouvaient avoir le même
objet. Comment d'ailleurs ne trouver dans ce privilége
que la reconnaissance de la propriété, le moyen donné à
l'auteur d'exercer son droit et de le faire respecter ?

Qu'est-ce donc que la propriété, sinon le droit de disposer d'une chose d'une façon absolue exclusive et à
perpétuité, d'en abuser même ; or le privilége n'accordait à l'imprimeur qu'un droit de jouissance temporaire
souvent fort limité, essentiellement révocable, souvent
révoqué, et soumis enfin à certaines conditions. Ainsi les
priviléges s'accordaient généralement à la condition que
l'impression se fît sur beau papier. — On vit quelquefois des arrêtés administratifs intervenir directement
dans les questions de prix, tel est celui du 3 octobre 1667,
qui enjoint aux libraires d'avoir des exemplaires brochés
en blanc et recouverts de parchemin, et de livrer les
premiers à 20 sous et les second à 30, au lieu de 3 francs
que coûtaient les exemplaires reliés en veau (1). On dit,
il est vrai, que ces priviléges étaient toujours renouvelés ;
peut-être les choses se passaient-elles ainsi en fait, bien
que nous ayons vu les parlements s'y opposer dans la
limite de leur pouvoir. Mais ces prolongations n'étaient

---

(1) Ch. Desmaze, juge d'instruction au tribunal de la Seine. — *Curiosités des Parlements de France*, 1863.

qu'une suite de la faveur royale, qu'une confirma-
tion de la bienveillance souveraine; et, d'ailleurs, la
propriété n'a-t-elle pas sa source en nous-même, ne
procède-t-elle pas uniquement de nos travaux, de nos
efforts personnels, ce n'est point la loi qui nous la donne,
elle ne fait que la consacrer ; et il est impossible de considérer comme une propriété ce droit qui n'existait que
par le bon plaisir du prince, qui n'avait d'autre source
que le privilége et qui disparaissait avec lui.

Nous ne voudrions pas abuser des citations, et cependant il nous paraît impossible pour arriver à une solu-
tion exacte de ne pas mettre le texte d'un privilége sous
les yeux du lecteur.

Pour rendre l'exemple plus frappant, nous avons choisi
un privilége accordé, en 1732, à un auteur, Joseph de
Ferrière, un des plus illustres doyens de la faculté de
droit de Paris.

PRIVILÉGE DU ROI.

« Louis, par la grâce de Dieu, Roi de France et de
Navarre, à nos amés et féaux conseilliers, les gens tenant
nos cours de parlements, maîtres des requêtes ordinaires
de notre hôtel, grand conseil, prévôt de Paris, ballis,
sénéchaux, leurs lieutenants civils et autres, nos justiciers
qui appartiendra, salut. Nous considérons, à l'exemple
de nos prédécesseurs, les ouvrages qui tendent à la perfection des sciences, comme l'un des premiers objets de
notre attention; mais, parmi le grand nombre de livres
qui se composent journellement, ceux qui traitent de la
jurisprudence, *nous paraissent mériter une distinction
particulière.* Nous savons que par leurs secours, les
magistrats et les juges, et tous ceux qui ont quelque

part dans l'administration de la justice, se rappellent
avec plus de facilité les maximes qui doivent servir de
décision aux contestations qui peuvent naître entre nos
sujets ; et comme *notre cher et bien-amé* Claude-Joseph
de Ferrière, doyen des professeurs de la faculté de Paris,
nous a fait remontrer que feu Claude de Ferrière, son
père, professeur en la faculté des droits de Reims, aurait donné au public plusieurs ouvrages de jurisprudence
qui ont été reçus avec toute l'approbation possible ; mais
qu'il conviendrait qu'aucun ne fût réimprimé sans quelques augmentations et corrections, qui pourraient être
nécessaires pour les amener à leur perfection ; *que d'ail-*
leurs l'exposant aurait toujours tâché par son application
continuelle à l'étude de la jurisprudence canonique, civile
et française, de se mettre en état de suivre les traces de
son père, en consacrant ses veilles pour l'utilité publique,
soit pour les augmentations et les corrections qu'il a faites
sur quelques ouvrages de son père, soit par ceux qu'il a mis
déjà lui-même au jour, ou auxquels il travaille actuelle-
ment ; mais craignant que d'autres ne voulussent entre-
prendre d'imprimer ou faire imprimer lesdits ouvrages, ce
qui lui causerait un préjudice considérable, et le pourrait
priver de ses travaux, il nous aurait très-humblement
fait supplier de vouloir bien lui accorder nos lettres de
privilége, tant pour la réimpression des ouvrages de feu
son père que des siens, qui sont imprimés ou à imprimer.
A ces causes, voulant favorablement traiter ledit expo-
sant, et le récompenser, en quelque façon, du zèle qu'il
nous témoigne avoir pour l'utilité publique, et à nous
procurer des livres dont les éditions et la lecture ne peu-
vent être que très-utile pour l'avancement des sciences

et des belles-lettres, nous lui avons permis et accordé,
permettons et accordons par ces présentes, de faire im-
primer, par tels libraires et imprimeurs qu'il choisira,
les œuvres de feu son père et les siennes, contenant la Jurisprudence du Digeste, du Code, des Novelles et des Dé-
crétales, l'Institution coutumière dudit Claude de Ferrière, son Nouveau Commentaire sur la coutume de Paris,
et aussi la Compilation de tous les commentateurs anciens
et modernes sur cette coutume ; les Œuvres de Bacquet
avec des commentaires, et le Traité du patronage, la
Science parfaite des notaires, et aussi un nouveau Pro-
tocole pour les commençants; l'introduction des Insti-
tutes, avec l'Histoire du droit romain ; le Dictionnaire du
droit canonique, suivant le droit canon et les Usages de
France; *Paratitla in libros digestorum et Codicis, et*
in Novellas necnon in quinque libros decretalium, nova-
que et Methodica Institutionem Juris Civilis, et Cano-
nici Tractatio; en tels volumes, formes, marge et caractères, conjointement ou séparément, et autant de fois
que bon lui semblera; et de les faire vendre et débiter
partout notre royaume pendant le temps et espace de
vingt-cinq années, à compter du jour de la date desdites
présentes; à condition néanmoins que ces présentes ne
porteront aucun préjudice aux libraires et aux imprimeurs qui ont privilége particulier de quelques-uns des
livres ci-dessus énoncés, pour le temps qui leur restera
à en jouir; et qu'ainsi ils en jouiront jusqu'à ce qu'ils
soient expirés. Faisons défense à toutes sortes de personnes, de quelque qualité et condition qu'elles soient,
d'en introduire d'impression étrangère dans aucun lieu
de notre royaume, pays, terres et seigneuries de notre

obéissance : comme aussi à tous libraires, imprimeurs
et autres, d'imprimer, faire imprimer, vendre, faire
vendre, débiter ni contrefaire aucun desdits livres ci-
dessus spécifiés, en tout ni en partie, ni d'en faire aucun
extrait, sous quelque prétexte que ce soit, d'augmentation correction ou changement de titre, même de traduction étrangère ou autrement, sans la permission
expresse ou par écrit dudit exposant, ou de ceux qui
auront droit de lui, à peine de confiscation des exemplaires contrefaits, de six mille livres d'amende contre
chacun des contrevenants, dont un tiers à nous, un
tiers à l'Hôtel-Dieu de Paris, et tout l'autre tiers au
dénonciateur, et de tous dépens, dommages et intérêts;
à la charge que ces présentes seront enregistrées tout
au long sur le registre de la communauté des libraires
et imprimeurs de Paris, et ce dans trois mois de la date
d'icelles; que l'impression de ces livres sera faite dans
notre royaume, et non ailleurs, en bon papier et en
beaux caractères, conformément aux règlements de la
librairie; et qu'avant de les exposer en vente, les manuscrits ou imprimés qui auront servi de copie à l'impression desdits livres, seront remis dans le même état
où les approbations y auront été données, ès-mains de
notre très-cher et féal chevalier chancelier de France, le
sieur d'Aguesseau, et qu'il en sera ensuite remis deux
exemplaires de chacun dans notre bibliothèq u publique,
un dans celle de notre château du Louvre, et un dans
celle de notre très-cher et féal chevalier chancelier de
France, le sieur d'Aguesseau; le tout à peine de nullité
des présentes, du contenu desquelles vous mandons et
enjoignons de faire jouir l'exposant ou ses ayant-cause,

pleinement et paisiblement, sans souffrir qu'il leur soit fait aucun trouble ou empêchement : voulons que la copie desdites présentes, qui sera imprimée au commencement ou à la fin desdits livres, soit tenue pour dûment signifiée ; et qu'aux copies collationnées par l'un de nos amés conseilliers et secrétaires, foi soit ajoutée comme à l'original : commandons au premier notre huissier ou sergent, de faire pour l'exécution d'icelles, tous actes requis et nécessaires sans demander autre permission et nonobstant clameur de haro, charte normande, et lettres à ce contraires. Car tel est notre plaisir.

» Donné à Paris le neuvième jour de janvier, l'an de grâce mil sept cent vingt et un, et de notre règne le sixième. Par le Roi, en son conseil, CARPOT. Avec griffe et paraphe. Et en marge est écrit : Il est ordonné par l'édit du Roi du mois d'août mil six cent quatre-vingt-six, et arrêt de son conseil, que les livres dont l'impression se permet par privilége de sa magesté ne pourront être vendus que par un libraire ou un imprimeur.

» Registré sur le registre IV de la communauté des libraires et imprimeurs de Paris, page 713, n° 772, conformément aux règlements, notamment à l'arrêt du conseil du 13 août 1703. A Paris, ce 26 mars 1721. Signé DE LAULNE, *syndic.* »

Ainsi c'est l'héritier direct de l'auteur, c'est un fils qui non-seulement a trouvé dans la succession de son père l'ouvrage qui a illustré son nom, mais qui l'a augmenté en y ajoutant le fruit de sa propre expérience et de son propre travail, qui vient demander des lettres de privilége.

C'est donc celui qui, suivant quelques-uns, aurait eu

un droit de propriété, et cependant il n'invoque aucun droit, il ne parle pas de sa propriété, il ne demande pas à l'autorité de la protéger; mais les termes dont il se sert montrent bien que c'est une faveur qu'il sollicite : « nous aurait fait très-humblement supplier de vouloir » bien lui accorder nos lettres de privilége. »

Et pourquoi attache-t-il tant d'importance à ces lettres? c'est qu'il ne lui suffit pas que le censeur ait déclaré « qu'il » n'a rien trouvé dans le livre qui puisse en empêcher » l'impression, » c'est qu'il n'a aucun droit préexistant, c'est qu'il attend tout du privilége, c'est que sans lui il sera livré à la merci des contrefacteurs, craignant, comme il le dit lui-même, « que d'autres ne voulussent entre- » prendre d'imprimer ou faire imprimer lesdits ouvrages, » ce qui lui causerait un préjudice considérable et le » pourrait priver de ses travaux. »

Comment soutenir en présence de pareils termes que l'auteur ait eu le même droit que le propriétaire d'un champ ou d'une maison; est-ce que ce dernier pour jouir librement de sa chose, pour en toucher les reve- nus, pour être garanti de toute invasion, avait besoin de s'adresser au Roi et de lui dire : donnez-moi un titre qui me permette de jouir de ma propriété, qui empêche qu'on ne pénètre sur mon héritage, qu'on ne me dé- pouille de mon bien.

Voyons enfin comment est motivé le privilége.

Si l'auteur est propriétaire de l'œuvre et comme héri- tier de son père et comme ayant ajouté à ses œuvres, s'il a un droit propre sur l'ouvrage qu'il va publier, le privilége ne devra pas reposer sur d'autres raisons que le respect dû à la propriété; mais il n'en est pas plus

question dans les motifs de privilége qu'il n'en était question dans la supplique de l'auteur. Il n'y a pas un seul
mot qui suppose chez lui une propriété antérieure et
prenant sa source en lui-même : Les motifs que donne
le Roi sont, les services rendus par le père et le fils aux
belles-lettres, le zèle qu'il témoigne avoir pour l'utilité
publique, les titres qu'ils ont ainsi acquis à la bienveillance, et s'il accorde le privilége, ce n'est pas pour consacrer le droit de l'auteur, mais pour le favorablement
traiter et le récompenser en quelque façon.

Il nous serait facile de multiplier les exemples, tantôt
le privilége sera accordé pour reconnaître des services,
d'autres fois pour récompenser un libraire « de son ap-
» plication à avoir donné depuis dix ans l'impression de
» plus de soixante volumes, tant in-folio, qu'in-quarto,
» dont quelques-uns n'ont pas eu tout le succès qu'il avait
» espéré (1). » Et dans tous, enfin, nous retrouvons ces
mots qui expriment le véritable caractère du privilége :
« voulant favorablement traiter l'exposant, »

Que faut-il conclure de tout cela ? C'est que quand
le Roi, dans la plénitude de sa puissance, délivrait des
lettres de privilége, il faisait autre chose que de donner à la propriété prétendue de l'auteur une sorte
d'authenticité, il accordait une faveur, et créait ainsi
un droit qui n'existait pas auparavant.

Qu'importe maintenant que dans la pratique, ces
faveurs aient été le plus souvent accordées aux auteurs
ou à leurs héritiers, cela est tout naturel ; nous ne

---

(1) Privilége donné au libraire pour l'édition précitée du *Catéchisme historique* de Fleury.

soutenons pas que les auteurs n'aient pas été protégés; ils étaient favorablement traités, comme disent les priviléges; nous soutenons seulement qu'ils n'avaient pas sur leurs œuvres un droit de propriété, et nous ne nous étonnons nullement que, par un sentiment de justice, les priviléges aient été accordés de préférence aux auteurs; mais il n'en était pas toujours ainsi, et de trop fréquentes exceptions rappelaient de temps à autre que le roi se considérait comme parfaitement libre de concéder à qui bon lui semblait le droit de publication. Ainsi un privilége perpétuel pour les œuvres de Ronsard fut concédé le 16 janvier 1597 à Mᵉ Jean Galandius, professeur au collége de Roncourt : « Auquel Sa dite Majesté, en considération des fidèles et agréables services qu'elle a reçus de lui, lui a donné cette grâce spéciale et particulier pouvoir. »

En 1674, Boileau remerciait Colbert de lui avoir fait obtenir un privilége pour son *Art poétique* dans des termes qui montrent bien qu'à cette époque les auteurs ne prétendaient à aucun droit : « Je vois bien que » c'est à vos bons offices que je suis redevable du pri- » vilége que Sa Majesté veut bien avoir la bonté de » m'accorder. J'étais tout consolé du refus qu'on en » avait fait à mon libraire; car c'était lui seul qui » l'avait sollicité, étant très-éveillé pour ses intérêts, et » sachant fort bien que je n'étais point homme à tirer » tribut de mes ouvrages, etc. »

Dans d'autres circonstances, le Roi disposait de l'ouvrage comme d'une chose ne pouvant être l'objet d'un droit de propriété.

Ainsi La Fontaine avait vendu ses œuvres à un libraire;

s'il eût été vraiment propriétaire, cette vente aurait
produit les conséquences ordinaires, et le droit de l'ac-
quéreur eût été sacré; tel ne fut pas l'avis du Roi, qui
en 1761 accordait aux petites-filles de notre immortel
fabuliste, un privilége pour la réimpression de ses
œuvres, leur restituant ainsi l'ouvrage qui avait été
aliéné.

C'est encore ainsi que l'autorité royale accordait à
Crébillon le droit de vendre ses œuvres au préjudice
de ses créanciers.

Qui ne sait enfin avec quelle facilité un libraire, à
l'aide de quelques protections, arrivait à se faire délivrer un privilége pour un livre qu'il n'avait ni acheté
de l'auteur, ni été autorisé à publier.

Dans sa charmante préface des *Précieuses ridicules*,
Molière ne s'en plaignait-il pas. Tout en s'inclinant devant la nécessité. « J'avais résolu, dit-il, de ne les faire
voir qu'à la chandelle, pour ne point donner lieu à
quelqu'un de dire le proverbe, et je ne voulais pas
qu'elles sautassent du théâtre de Bourbon dans la gale-
rie du palais. Cependant je n'ai pu l'éviter, et suis
tombé dans la disgrâce de voir une copie dérobée de
ma pièce entre les mains des libraires, accompagnée
d'un privilége obtenu par surprise. J'ai eu beau crier,
ô temps, ô mœurs ! on m'a fait voir une nécessité pour
moi d'être imprimé, ou d'avoir un procès ; et le dernier mal est encore pire que le premier. Il faut donc
se laisser aller à la destinée, et consentir à une chose
qu'on ne laisserait pas de faire sans moi. »

Les limites de ce travail ne nous permettent pas
d'insister davantage, mais nous espérons en avoir dit

assez pour qu'il n'y ait plus de doute possible sur le
caractère du droit des auteurs pendant la période que
nous avons parcourue, c'est-à-dire jusqu'au règlement
de 1723. Nous avons vu que le droit n'était qu'un privilége, qu'aucune ordonnance n'en avait ni établi, ni reconnu la perpétuité, et que ni les termes du règlement
de 1723 ni l'application qui en fut faite n'ont pu avoir
pour effet de transformer le privilége de l'auteur en
une propriété véritable.

Au surplus en suivant l'ordre des dates, nous arri-
vons à un arrêt célèbre dont les termes précis ne per-
mettront plus de méconnaître la nature véritable du
droit des auteurs sous l'ancienne monarchie. C'est
l'arrêt du 30 août 1777; cet arrêt célèbre, qui forme
le dernier état du droit avant la Révolution française,
et qui organisait au profit des gens de lettre un système
de protection dont les législations postérieures semblent
s'être inspirées, doit nous arrêter quelques instants.
Il était ainsi conçu :

*Arrêt du Conseil d'État du Roi, portant règlement sur
la durée des priviléges en librairie.*

Du 30 août 1777.

« Le Roi s'étant fait rendre compte, en son conseil,
des mémoires respectifs de plusieurs libraires, tant de
Paris que des provinces, sur la durée des priviléges et
sur la propriété des ouvrages, Sa Majesté a reconnu
que le privilége en librairie est une grâce fondée en
justice, et qui a pour objet, si elle est accordée à l'auteur, de récompenser son travail, si elle est accordée

au libraire, de lui assurer le remboursement de ses
avances et l'indemnité de ses frais ; que cette différence
dans les motifs qui déterminent les priviléges en doit
produire une dans leur durée ; que l'auteur a sans
doute un droit plus assuré à une grâce plus étendue,
tandis que le libraire ne peut se plaindre, si la faveur
qu'il obtient est proportionnée au montant de ses avances
et à l'importance de son entreprise ; que la perfection
de l'ouvrage exige cependant qu'on en laisse jouir le
libraire pendant la vie de l'auteur avec lequel il a
traité, mais qu'accorder un plus long terme, ce serait
transformer une jouissance de grâce en une propriété
de droit, et perpétuer une faveur contre la teneur même
du titre qui en fixe la durée, ce serait consacrer le
monopole en rendant un libraire le seul arbitre à toujours du prix d'un livre, ce serait enfin laisser subsis-
ter la source des abus et des contrefaçons, en refusant
aux imprimeurs de province un moyen légitime d'em-
ployer leurs presses.

» Sa Majesté a pensé qu'un règlement qui restrein-
drait le droit exclusif des libraires au temps qui sera
porté dans le privilége ferait leur avantage, parce
qu'une jouissance limitée, mais certaine, est préférable
à une jouissance indéfinie mais illusoire ; qu'il ferait
l'avantage du public qui doit espérer que les livres
tomberont à une valeur proportionnée aux facultés de
ceux qui veulent se les procurer ; qu'il serait favorable aux gens de lettres qui pourront, après un temps
donné, faire des notes et des commentaires sur un auteur sans que personne puisse leur contester le droit de
faire imprimer le texte ; qu'enfin ce règlement serait

d'autant plus utile qu'il ne pourrait qu'augmenter l'activité du commerce et exciter entre tous les imprimeurs
une émulation favorable aux progrès et à l'amélioration
de leur art.

A quoi voulant pourvoir, le Roi étant en son conseil,
de l'avis de M. le garde des sceaux, a ordonné et ordonne ce qui suit :

» Art. 1. — Aucuns libraires ou imprimeurs ne pourront imprimer ou faire imprimer aucuns livres nouveaux, sans en avoir préalablement obtenu le privilége
ou lettres scellées du grand sceau.

» Art. 2. — Défend Sa Majesté à tous libraires, imprimeurs ou autres, qui auront obtenu des lettres de
privilége pour imprimer un livre nouveau, de solliciter
aucune continuation de ce privilége, à moins qu'il n'y
ait dans le livre augmentation au moins d'un quart,
sans que, pour ce sujet, on puisse refuser aux autres la
permission d'imprimer les anciennes éditions non aug-
mentées.

» Art. 3. — Les priviléges qui seront accordés à l'avenir pour imprimer les livres nouveaux, ne pourront
être d'une moindre durée de dix ans.

» Art. 4. — Ceux qui auront obtenus des priviléges en
jouiront non-seulement pendant tout le temps qui y sera
porté, mais encore pendant la vie des auteurs, en cas
que ceux-ci survivent à l'expiration des priviléges.

» Art. 5. — Tout auteur qui obtiendra en son nom le
privilége de son ouvrage, aura droit de le vendre chez
lui, sans qu'il puisse, sous aucuns prétextes, vendre ou
négocier d'autres livres ; il jouira de son privilége pour

lui et ses hoirs à perpétuité, pourvu qu'il ne le rétrocède
à aucun librairie ; auquel cas la durée du privilége sera,
par le fait seul de la cession, réduite à celle de la vie de
l'auteur.

» Art. 6. — Tous libraires ou imprimeurs pourront
obtenir, après l'expiration du privilége d'un ouvrage et
la mort de son auteur, une permission d'en faire une
édition, sans que la même permission, accordée à un ou
à plusieurs, puisse empêcher aucun autre d'en obtenir
une semblable.

» Art. 7. — Les permissions portées en l'article précédent seront expédiées sur la simple signature de la
personne à laquelle M. le chancelier ou garde des sceaux
aura confié la direction générale de la librairie, et pour
faciliter les spéculations de commerce, il sera donné, à
ceux qui solliciteront une permission de cette espèce,
connaissance de toutes les permissions du même genre
qui auront été accordées à d'autres pour ce même ouvrage, et du nombre d'exemplaires qu'il leur aura été
permis d'en tirer.

» Art. 8. — Sa Majesté, ne voulant pas permettre que
l'obtention de ces permissions soit illusoire, et qu'on
l'obtienne sans intention de les réaliser, ordonne qu'elles
ne seront accordées qu'à ceux qui auront acquitté le
droit porté au tarif qui sera arrêté par M. le garde des
sceaux.

» Art. 9. — Les sommes auxquelles monteront ces
droits seront payées entre les mains des syndic et adjoints de la chambre syndicale de Paris ou de celui qu'il
commettront à ladite recette, sans qu'ils puissent se des-
saisir de ces deniers que sur l'ordre de M. le chancelier

ou garde des sceaux, pour les émoluments des inspec-
teurs et autres personnes préposées à la manutention de
la librairie.

» ART. 10. — Lesdites permissions seront enregistrées
dans le délai de deux mois, sur les registres de la chambre syndicale, dans l'arrondissement de laquelle seront
domiciliés ceux qui les auront obtenues, à peine de
nullité.

» ART. 11. — Sa Majesté, désirant traiter favorablement ceux qui ont obtenus antérieurement au présent
arrêt des priviléges ou continuation d'iceux, veut qu'ils
soient tenus de remettre, savoir : les libraires et imprimeurs de Paris, dans deux mois, les libraires et imprimeurs de province, dans trois mois, pour tout délai, les
titres sur lesquels ils établissent leur propriété, entre les
mains du sieur Lecamus de Néville, maître des réquêtes,
que Sa Majesté a commis et commet à cet effet, pour, sur
le compte qu'il en rendra, leur être accordé, par M. le
chancelier ou garde des sceaux, s'il y échet un privilége
dernier et définitif.

» ART 12. — Ledit délai de deux mois pour les libraires
et imprimeurs de Paris, et de trois mois pour les libraires
et imprimeurs de province, étant expiré, ceux qui n'auront pas représenté leurs titres ne pourront plus espérer
aucune continuation de privilége.

» ART. 13. — Les priviléges d'usages des diocèses et
autres de cette espèce, ne seront point compris dans le
présent.

» Ordonne Sa Majesté, que le présent arrêt sera enre-
gistré dans toutes les chambres syndicales, imprimé,
publié et affiché partout où besoin sera.

15

» Fait au conseil d'État du Roi, Sa Majesté y étant,
tenu à Versailles, le trente août mil sept cent soixante-
dix-sept.

» Signé : AMELOT. »

Cet arrêt a une grande importance, moins par les
règles qu'il prescrit que par les principes qu'il proclame ;
dans le préambule, le droit des auteurs est qualifié de
façon à ne laisser aucun doute, « Sa Majesté, lisons-
»nous, a reconnu que le privilége du libraire est une
» grâce fondée en justice. »

Cette définition légale du privilége ne répond-elle pas
parfaitement au caractère que nous lui avons donné, et
ne repousse-t-elle pas, de la manière la plus formelle,
toute idée de propriété au profit des auteurs (1) ?

Quant aux dispositions essentielles de l'arrêt, elles
peuvent se résumer ainsi : — Nul ne pouvait faire imprimer un livre nouveau sans avoir obtenu un privilége. —
Si l'auteur obtenait le privilége en son nom, il en jouis-
sait, ainsi que ses héritiers, à perpétuité, à la condition,
cependant, de ne le point céder à un libraire, auquel cas
le privilége s'éteignait avec la vie de l'auteur.

Si le privilége était concédé à l'imprimeur ou au
libraire, la durée en était fixée par le garde des sceaux,
suivant le mérite et l'importance de l'ouvrage, sans
qu'elle pût être moindre de dix années. — Les publi-

---

(1) Dans la Collection Delamarre, le privilége est défini comme dans l'arrêt
de 1777. « Une grâce, que le prince accorde pour un certain nombre d'années,
« en faveur d'un libraire pour l'impression d'un ouvrage, sans qu'aucun autre
» libraire du royaume puisse reproduire ou contrefaire en tout ou en partie ce
» même livre, sous quelque prétexte que ce puisse être. »

cistes qui soutiennent que la propriété littéraire existait
dans l'ancien droit, éprouvent un grand embarras en
présence des principes formulés dans le préambule et
des dispositions dont l'arrêt se compose ; ils ne savent
comment l'expliquer, ils sont obligés alors, sans aucune
vraisemblance, de le considérer comme une véritable
révolution, comme une sorte de coup d'État, comme le
renversement d'un droit jusques là respecté ; pour nous,
au contraire, il se conçoit à merveille ; il vient prendre
tout naturellement sa place dans l'enchaînement des
faits ; au lieu de confirmer l'arbitraire il marque des
tendances plus libérales, et loin de sacrifier les droits
des auteurs, il leur assure des garanties plus sérieuses.
Jusques là les auteurs pouvaient être protégés en fait,
ils pouvaient trouver dans leur talent des titres, rarement
méconnus, à la bienveillance du Roi, mais les avantages
qui leur étaient accordés ne venaient que de son bon
plaisir, et ne leur étaient pas assurés à perpétuité ; sous
l'empire du nouvel édit, l'auteur est bien encore obligé
de demander un privilége, mais la perpétuité de ce privilége lui est garantie par la loi elle-même.

L'arrêt de 1777 fit cependant des mécontents ; il excita
chez les libraires de Paris les plaintes les plus vives ;
c'était en effet, dans une large part, aux réclamation
des libraires de province qu'il était dû. En réduisant,
dans son article 5, le privilége du libraire à une durée
de dix ans, et en édictant, dans son article 6, que tous
libraires ou imprimeurs pourraient obtenir, après l'expiration du privilége d'un ouvrage et la mort de son auteur, une permission d'en faire une édition, sans que la
même permission, accordée à un ou à plusieurs, puisse

empêcher aucun autre d'en obtenir une semblable, il ouvrait le champ à la concurrence et mettait fin au monopole des libraires de Paris : aussi leur résistance fut-elle des plus vives ; ils cherchèrent à engager les écrivains dans leur cause, et adressèrent au Roi, au chancelier, des mémoires nombreux, dans lesquels l'on vit apparaître, pour la première fois, l'idée de la propriété littéraire ; mais les auteurs, laissant les libraires se débattre entre eux, n'eurent que de la reconnaissance pour la pensée qui avait inspiré les arrêts de 1777.

L'Académie française, en effet, ayant été consultée dans la séance du 7 février 1778, leur donna son approbation la plus complète, seulement, parmi quelques considérations qu'elle crut devoir présenter, elle faisait remarquer qu'en accordant aux auteurs le privilége de leurs ouvrages pour eux et leurs héritiers à perpétuité, à la condition de ne le rétrocéder à aucun libraire, on rendait leur jouissance à peu près illusoire.

Le garde des sceaux Miroménil répondit à l'Académie, en la personne de M. le maréchal de Duras (séance du 23 février 1778), qu'il tiendrait compte de ses observations.

« ... Au surplus, ajoutait-il, je suis très-flatté que MM. de l'Académie aient senti aussi parfaitement quel a été mon objet lorsque j'ai proposé au Roi les règlements dont il s'agit. — Ma principale vue a été d'engager Sa Majesté à accorder aux hommes de lettres la plus grande faveur, afin de les faire jouir de tous les avantages capables d'encourager leur talent ; il m'a paru juste de consacrer en leur faveur une propriété sur les productions de leur esprit, que j'avais vu avec regret qui leur

avait été trop souvent refusée, et de les délivrer autant
qu'il sera possible de l'effet de l'avidité des libraires.

» Comme je n'ai d'autre désir que de faire le bien, je
suis toujours charmé de profiter des observations des
personnes éclairées, et il n'en est point dont les lumières
puissent être plus utiles que Messieurs de l'Académie,
dont le zèle et les travaux ont toujours pour objet le progrès des lettres. Vous jugerez aisément, d'après cela,
Monsieur le Maréchal, du plaisir que j'aurai à faire valoir
auprès du Roi les vues que leur mémoire contient, et
celles même qu'ils pourront me faire connaître dans la
suite.

» Je me flatte que vous ne doutez pas de ma reconnaissance et de mon attachement aussi tendre que sincère;
ce sont des sentiments que je vous ai voués pour la vie.

» *Signé* MIROMÉNIL.

» Ce 19 février 1778. »

Et le 30 juillet 1778, un édit du conseil vint donner
satisfaction aux observations de l'Académie, en ajoutant
aux arrêts de 1777 les dispositions suivantes :

*Arrêt du Conseil d'État du Roi, portant règlement sur
les priviléges en librairie et les contrefaçons.*

Du 30 juillet 1778.

(Extrait des registres du Conseil d'État).

« Le Roi s'étant fait rendre compte, en son conseil,
des différentes représentations auxquelles ont donné lieu
les règlements du 30 août dernier, sur le fait de la librairie, a distingué, parmi les mémoires remis à ce sujet à

M. le garde des sceaux, les observations de son Académie française. Sa Majesté a vu avec satisfaction que ces
observations étaient principalement l'expression de la
reconnaissance de son Académie française, et que s'il
restait aux membres qui la composent quelques vœux à
former, ils n'avaient pour objet, en rendant grâce à Sa
Majesté des soins qu'Elle a bien voulu prendre en faveur
des gens de lettres, que d'obtenir que les nouveaux avantages que leur assurent les règlements du 30 août dernier, deviennent encore plus stables et plus solides. Sa
Majesté s'est déterminée d'autant plus volontiers à ma-
nifester plus particulièrement ses intentions à cet égard,
qu'Elle n'a vu dans les demandes de l'Académie que le
développement de l'esprit des règlements ou l'indication
des moyens d'en assurer l'exécution; et qu'en consacrant ces demandes par son autorité, Elle donne une
nouvelle preuve de sa protection à ceux de ses sujets
qui, par leur travaux et leurs veilles, concourent au progrès des lettres et des sciences. A quoi voulant pourvoir,
le Roi, étant en son conseil, de l'avis de M. le garde des
sceaux, a ordonné et ordonne ce qui suit :

» Art. 1er. L'article 3 de l'arrêt du conseil du 30 août
1777, portant règlement sur la durée des priviléges en
librairie, sera exécuté selon sa forme et teneur; en conséquence, ceux qui obtiendront à l'avenir des priviléges
pour imprimer des livres nouveaux, en jouiront pendant
tout le temps que M. le chancelier ou garde des sceaux
aura jugé à propos d'accorder, suivant le mérite ou l'importance de l'ouvrage, sans qu'en aucun cas ces priviléges puissent être d'une moindre durée que de dix
années.

» Art. 2. L'article 5 du même arrêt du conseil sera exécuté selon sa forme et teneur; en conséquence, tout auteur qui aura obtenu, en son nom, le privilége de son ouvrage, non-seulement aura le droit de le faire vendre chez lui, mais il pourra encore, autant de fois qu'il le voudra, faire imprimer, pour son compte, son ouvrage par tel imprimeur, et le faire vendre aussi pour son compte par tel libraire qu'il aura choisi, sans que les traités ou conventions qu'il fera pour imprimer ou débiter une édition de son ouvrage puissent être réputés cession de son privilége.

» Art. 3. Les articles 55 de l'édit du mois d'août 1686, 109 du règlement de 1723, 1er et 3 de l'arrêt du conseil du 30 août 1777, concernant les contrefaçons, seront exécutés selon leur forme et teneur; et, pour en faciliter l'exécution, Sa Majesté ordonne que, dans toutes les lettres patentes de priviléges qui seront expédiées à l'avenir, il soit énoncé qu'il sera procédé par voie de plainte et information contre tous auteurs, possesseurs, distributeurs et fauteurs de contrefaçons, sans que les peines portées par les lettres patentes de priviléges puissent, en aucun cas, et pour quelque cause que ce soit, être remises ni modérées.

» Art. 4. Ordonne au surplus Sa Majesté que tous les règlements du 30 août dernier continueront d'être exécutés selon leur forme et teneur. Et sera le présent arrêt imprimé, publié et affiché partout où besoin sera, et registré sur les registres de toutes les chambres syndicales du royaume.

» Fait au conseil d'État du Roi, Sa Majesté y étant,

tenu à Versailles, le 30 juillet mil sept cent soixante-dix-huit. *Signé* AMELOT. »

Ces arrêts de 1777 et 1778 ne peuvent donc laisser aucun doute sur le caractère du droit des auteurs; il n'est pas reconnu comme droit de propriété, mais à titre de privilége; seulement les priviléges, qui dans le passé n'étaient soumis à aucune règle fixe, sont organisés d'une façon plus complète et moins arbitraire par les nouveaux règlements.

Le système des arrêts de 1777 fut maintenu jusqu'à la révolution. On pensa d'abord qu'elle avait abrogé la législation antérieure en proclamant la liberté de la presse, cependant l'abolition du privilége de librairie ne fut pas prononcée expressément et l'on en retrouve la trace sur les registres de la chambre syndicale jusqu'à la fin de 1790.

Cet état de fait ne pouvait durer longtemps; au milieu de tous les droits qui s'offraient à la sollicitude du législateur les droits des auteurs ne pouvaient être oubliés.

La Constituante ne fit point de loi spéciale sur la propriété littéraire prise dans le sens le plus étendu, mais elle garantit, comme droit naturel et civil, la liberté à tout homme de parler, d'écrire, d'imprimer et publier ses pensées, sans que ses écrits puissent être soumis à aucune censure ni inspection avant la publication (1); et le comité de constitution, statuant sur une pétition des auteurs, posait dans les termes suivants, par l'organe de Chapelier, les principes de leur droit.

« La plus sacrée, la plus légitime, la plus inattaqua-

(1) *Revue de législation*, t. 5, ann. 1836, p. 83.

ble, et, si l'on peut parler ainsi, la plus personnelle de toutes les propriétés est l'ouvrage, fruit de la pensée d'un écrivain, cependant *c'est une propriété d'un genre tout différent.*

»Quand un auteur a livré son ouvrage au public, quand cet ouvrage est entre les mains de tous le monde, que tous les hommes instruits le connaissent, qu'ils se sont emparés des beautés qu'il contient... il semble que, dès ce moment, l'écrivain a associé *le public à sa propriété, ou plutôt la loi la lui a transmise toute entière.* Cependant comme il est extrêmement juste que le hommes qui cultivent le domaine de la pensée tirent quelque fruit de leur travail, il faut que pendant toute leur vie et quelques années après leur mort, personne ne puisse sans leur consentement, disposer du produit de leu génie; *la propriété publique commence,* et tout le monde doit pouvoir imprimer, publier les ouvrages qui on contribué à éclairer l'esprit humain.

Ce droit d'un genre particulier, c'est encore le privilége, le mot qui effrayait a disparu, mais la chose es restée; seulement l'auteur n'a plus à solliciter le privilége, c'est la loi qui le lui donne. Le droit a remplacé la faveur.

L'assemblée laissa aux législateurs qui devait la suivre le soin de formuler, dans une loi, les principes qu'elle venait de poser :

Le 19 juillet 1793, la Convention nationale, sur le rapport de Lakanal, rendit le décret suivant qui accordait à l'auteur sur ses œuvres un droit viager, et se continuant dix ans après sa mort au profit de ses héritiers.

Décret relatif aux droits de propriété des auteurs
d'écrits en tout genre, compositeurs de musique, pein-
tres et dessinateurs.

19-24 juillet 1793.

« ART. 1ᵉʳ. — Les auteurs d'écrits en tous genre, les
compositeurs de musique, les peintres et dessinateurs qui
feront graver des tableaux ou dessins, jouiront, durant
leur vie entière, du droit exclusif de vendre, distribuer
leurs ouvrages dans le territoire de la République, et
d'en céder la propriété en tout ou en partie.

» ART. 2. — Leurs héritiers ou cessionnaires jouiront
du même droit durant l'espace de dix ans après la mort
des auteurs.

» ART. 3. — Les officiers de paix seront tenus de
faire confisquer, à la réquisition et au profit des auteurs,
compositeurs, peintres ou dessinateurs et autres, leurs
héritiers ou cessionnaires, tous les exemplaires des éditions imprimées ou gravées sans la permission formelle
et par écrit des auteurs.

» ART. 4. — Tout contrefacteur sera tenu de payer au
véritable propriétaire une somme équivalente au prix de
trois mille exemplaires de l'édition originale.

» ART. 5. — Tout débitant d'édition contrefaite, s'il
n'est pas reconnu contrefacteur, sera tenu de payer au
véritable propriétaire une somme équivalente au prix de
cinq cents exemplaires de l'édition originale.

» ART. 6. — Tout citoyen qui mettra au jour un ouvrage, soit de littérature ou de gravure, dans quelque
genre que ce soit, sera obligé d'en déposer deux exemplaires à la biblothèque nationale ou au cabinet des

estampes de la 'République, dont il recevra un reçu
signé par le bibliothécaire, faute de quoi il ne pourra
être admis en justice pour la poursuite des contrefacteurs.

» ART. 7. — Les héritiers de l'auteur d'un ouvrage
de littérature ou de gravure, ou de toute autre production de l'esprit ou du génie qui appartiennent aux
beaux arts, en auront la propriété exclusive pendant
dix années. »

Cette loi accordait aux auteurs plus et moins tout à la
fois que les édits antérieurs à la Révolution. Elle les
traitait plus favorablement, en ce sens que désormais ils
tiendront leur droit de la loi elle-même, tandis que sous
l'empire de l'édit de 1777 il était subordonné à l'obtention du privilége; mais elle faisait moins pour eux puisqu'à la jouissance perpétuelle elle substituait une jouissance dont la durée ne pourra excéder dix années après
la mort de l'auteur.

Quant au droit il ne changea pas, ce fut toujours un
privilége; il ne devint pas la propriété.

Il est vrai que le rapporteur se servait du mot propriété,
et qu'on le trouve dans la loi elle-même; mais si le rapport de Lakanal peut être considéré comme un pompeux
éloge rendu aux belles-lettres dans le style déclamatoire
de l'époque, il ne faut pas y chercher cette rigueur d'expression qui caractérise le style du jurisconsulte; et si
de son côté l'assemblée eût voté avec moins de précipitation, peut-être se serait-elle aperçue que ce qu'elle accordait aux auteurs était une jouissance temporaire, une sorte
d'usufruit sur une œuvre dont la nu-propriété appartenait
au public, et que le droit qu'elle leur conférait n'ayant

en réalité aucun des attributs de la propriété ne devait pas en avoir le nom.

C'est encore aujourd'hui cette loi du 19 juillet 1793 qui régit principalement la matière des publications littéraires.— Quelques lois cependant sont venues depuis la modifier sur certains points.

C'est d'abord le décret du 1er germinal an XIII qui règle les droits des héritiers ou ayant-cause sur les ouvrages posthumes, dans les termes suivants :

Décret concernant les droits des propriétaires d'ouvrages posthumes.

1er germinal an XIII (28 mars 1805).

« NAPOLÉON, etc.

» Vu les lois sur les propriétés littéraires ; — Considé·rant qu'elles déclarent propriété publique les ouvrages des auteurs morts depuis plus de dix ans ; — Que les dépositaires, acquéreurs, ou héritiers propriétaires des ouvrages posthumes d'auteurs morts depuis plus de dix ans hésitent à publier ces ouvrages, dans la crainte de s'en voir contester la propriété exclusive, et dans l'incertitude de la durée de cette propriété ; — Que l'ouvrage inédit est comme l'ouvrage qui n'existe pas ; et que celui qui le publie a les droits de l'auteur décédé, et doit en jouir pendant sa vie ; — Que cependant, s'il réimprimait en même temps et dans une seule édition, avec les œuvres posthumes, les ouvrages déjà publiés du même auteur, il en résulterait en sa faveur une espèce de privilége pour la vente d'ouvrages devenus propriété publique; — Le Conseil d'État entendu, décrète :

» Art 1ᵉʳ. — Les propriétaires, par succession ou à autre titre d'un ouvrage posthume ont les mêmes droits que l'auteur, et les dispositions des lois sur la propriété exclusive des auteurs et sur sa durée leurs sont applicables, toutefois à la charge d'imprimer séparément les œuvres posthumes, et sans les joindre à une nouvelle édition des ouvrages déjà publiés et devenus propriété publique. »

C'est ensuite le Code pénal de 1810, art. 425, 426, 427 et 429 qui contient, sur le délit de contrefaçon, plusieurs dispositions répressives dont voici le texte :

« Art. 425. — Toute édition d'écrits, de composition musicale, de dessin, de peinture ou de toute autre production, imprimée ou gravée en entier ou partie, au mépris des lois et règlements relatifs à la propriété des auteurs est une contrefaçon, et toute contrefaçon est un délit.

» Art. 426. — Le débit d'ouvrages contrefaits, l'introduction sur le territoire français d'ouvrages qui, après avoir été imprimés en France, ont été contrefaits chez l'étranger, sont un délit de la même espèce.

» Art. 427. — La peine contre le contrefacteur, ou contre l'introducteur, sera une amende de 100 francs au moins et 2,000 francs au plus ; et contre le débitant, une amende de 25 francs au moins et de 500 francs au plus.

La confiscation de l'édition contrefaite sera prononcée tant contre le contrefacteur que contre l'introducteur et le débitant.

Les planches, moules ou matrices des objets contrefaits, seront aussi confisqués.

» Art. 428. — Tout directeur, tout entrepreneur de

spectacle, toute association d'artistes, qui aura fait représenter sur son théâtre des ouvrages dramatiques, au
mépris des lois et règlements relatifs à la propriété
des auteurs, sera puni d'une amende de 50 francs au
moins, de 500 francs au plus, et de la confiscation des
recettes.

» Art. 429. — Dans les cas prévus par les quatre articles précédents, le produit des confiscations, ou les
recettes confisquées, seront remis au propriétaire pour
l'indemniser d'autant du préjudice qu'il aura souffert ;
le surplus de son indemnité, ou l'entière indemnité, s'il
n'y a eu ni vente d'objets confisqués, ni saisie de recettes,
sera réglé par les voies ordinaires. »

C'est, en troisième lieu, un décret du 5 février 1810,
sur l'imprimerie et la librairie, qui, par deux de ses
articles, garantit aux veuves, pendant toute leur vie, et
pour le cas où leurs conventions matrimoniales ne s'y
opposeraient point, un droit exclusif sur les ouvrages de
leurs maris, et aux enfants le même droit pendant vingt
ans après la mort de leur père. — Voici le texte de ces
articles.

» Art. 39. — Le droit de propriété est garanti à l'auteur et à sa veuve pendant leur vie, si les conventions
matrimoniales de celle-ci lui en donnent le droit.

» Art. 40. — Les auteurs, soit nationaux, soit étrangers, de tout ouvrage imprimé ou gravé, peuvent céder
leur droit à un imprimeur ou libraire, ou à toute autre
personne qui est alors substituée en leur lieu et place,
pour eux et leurs ayant-cause, comme il est dit à l'article précédent. »

Enfin, le 8 avril 1854, à la suite d'une démarche faite

directement auprès du Chef de l'État par la Société des
auteurs, une loi, dont nous donnons copie, a fixé à
trente ans le droit des héritiers :

*Loi sur le droit de propriété garanti aux veuves et aux
enfants des auteurs, des compositeurs et des artistes.*

8-19 avril 1854.

«ARTICLE UNIQUE. — Les veuves des auteurs, des compositeurs et des artistes jouiront, pendant toute leur
vie, des droits garantis par la loi des 13 janvier 1791
et 19 juillet 1793, le décret du 5 février 1811, la loi
du 3 août 1844, et les autres lois ou décrets sur la matière.

» La durée de la jouissance accordée par ces mêmes
lois et décrets est portée à trente ans, à partir, soit du
décès de l'auteur, compositeur ou artiste, soit de l'ex-
tinction des droits de la veuve. »

Il serait injuste, en terminant, de ne pas rappeler les
généreux efforts tentés par le Gouvernement, afin de
protéger les auteurs de tous les pays contre les contrefacteurs de leurs ouvrages à l'étranger, en même temps
que prenant lui-même l'initiative, il déclarait, par le décret du 31 mars 1852, que la contrefaçon sur le territoire français d'ouvrages publiés à l'étranger, était une
contrefaçon, et n'imposait à l'étranger d'autres conditions, pour la conservation ultérieure de son droit, que
de remplir les mêmes obligations que les nationaux. —
Voici le texte de ce décret :

Décret sur la contrefaçon d'ouvrages étrangers.
(Bull. 3869). D. P. 52, 2, 93.

28-31 mars 1852.

« LOUIS NAPOLÉON, président, etc.

» ART. 1ᵉʳ. — La contrefaçon sur le territoire français d'ouvrages publiés à l'étranger et mentionnés en l'article 425 C. P. constitue un délit.

» ART. 2. — Il en est de même du débit, de l'expédition et de l'exportation des ouvrages contrefaisants, l'expédition et l'exportation de ces ouvrages sont un délit de la même espèce que l'introduction sur le territoire français, d'ouvrages qui, après avoir été imprimés en France, ont été contrefaits chez l'étranger.

» ART. 3. — Les délits prévus par les articles précédents seront réprimés conformément aux articles 457 et 429 C. P.

» L'article 463 du même Code pourra être appliqué.

» ART. 4. — Néanmoins, la poursuite ne sera admise que sous l'accomplissement des conditions exigées relativement aux ouvrages publiés en France, notamment à l'article 6 de la loi du 19 juillet 1793. »

Déjà, en 1839, le Gouvernement avait eu la pensée de faire une loi dans le même sens ; les esprits généreux avaient applaudi à cette tentative qui malheureusement ne put aboutir, et c'est le décret de 1852 qui doit recueillir les éloges qu'un éminent orateur adressait au projet de 1839. — « C'est une pensée, disait-il, qui honore les auteurs du projet. Il appartient à la France, » patrie et sanctuaire de l'intelligence moderne, de don-

» ner cet exemple au monde; alors elle pourra la réclamer
» de toutes les autres nations, et la civilisation moderne
» sera incomplète tant que le droit des gens n'interdira
» pas le vol de la pensée, comme la piraterie ou la traite
» des nègres (1). »

Tel est, sans parler des lois qui concernent spécialement la représentation des œuvres dramatiques, et qui
sont assez nombreuses pour pouvoir faire l'objet d'une
étude spéciale (2), le système auquel se trouvent aujour-
d'hui soumis les droits des auteurs; on a vu, qu'à tout
prendre, il a plus d'un point de ressemblance avec l'ancienne législation, et qu'il n'y a guère entre eux d'autre
différence que celle que M. Renouard déterminait si bien
en disant : « Le privilége actuel existe de plein droit au
profit des auteurs qui ne le tiennent que de leur travail
et de la loi; les priviléges anciens étaient des concessions
individuelles, conférées, dans leur origine, à titre de
faveur. »

Ce n'est point d'aujourd'hui qu'on a eu la pensée de
modifier ce régime; en chargeant une commission d'étu-
dier les changements qu'il conviendrait d'y apporter, le
Gouvernement a repris d'anciens projets.

Dès l'année 1825 une commission fut appelée, sous
la présidence de M. le vicomte de Larochefoucault,

---

(1) OEuvres de M. le comte de Montalembert, — *Discours*, t. 1, p. 192.
(2) Voyez sur ce point : — 13-19 janvier 1791, Décret relatif aux spectacles;
— 19 juillet-6 août 1791, Décret relatif aux spectacles; — 30-31 avril 1792,
Décret relatif aux conventions faites entre les auteurs dramatiques et les direc-
teurs de spectacles; — 8 juin 1806, Décret concernant les théâtres; —
15 octobre 1812, Décret sur la représentation des œuvres dramatiques; —.
3-17 août 1844, Loi relative au droit de propriété des veuves et des enfants
des auteurs d'ouvrages dramatiques.

chargé du département des Beaux-Arts, à proposer
un projet de loi sur les droits des auteurs. — Elle re-
poussa la doctrine de la propriété, mais elle établit un
délai de 50 ans à partir de la mort de l'auteur, pendant
lequel la propriété de l'ouvrage ne devait pas cesser
d'appartenir à ses héritiers, à la charge toutefois de réimpression dans les vingt ans, et au moyen de certaines
conditions conservatrices imposées aux ayant-droit (1).
« Pouvait-on étendre, disait le rapporteur, le droit de
» tous les héritiers d'une manière indéfinie, c'est-à-dire
» assimiler entièrement la propriété d'un ouvrage à celle
» d'un champ et d'un domaine ?—Un tel privilége n'existe
» nulle part; il nuirait à l'instruction par un monopole
» trop prolongé; il deviendrait ou onéreux pour le pu-
» blic, ou illusoire pour les familles; il tromperait sou-
» vent les intentions de l'auteur lui-même qui, en pu-
» bliant un ouvrage, a souhaité que les éditions s'en
» multiplient facilement après lui. »

La commission se prononça donc contre le principe
de la propriété littéraire.

Le Gouvernement ne donna à cette époque aucune
suite au projet. — Perdu de vue pendant plusieurs
années, il fut repris en 1836. Une nouvelle commission, sous la présidence du comte Philippe de Ségur,
écarta également l'idée de propriété, et fixa à cinquante
ans, mais sans obligation de réimpression, la durée de
la jouissance des héritiers (2).

(1) Collection des procès-verbaux de la Commission de la propriété littéraire.
Paris; Pillet aîné, 1826.
(2) Victor Foucher, Examen du projet de loi sur la propriété littéraire
(*Revue de législation*, 1837, t. 4, p. 320). -

Le 5 janvier 1839 (1), M. de Salvandi présentait à la
Chambre des Pairs un projet de loi qui reproduisait les
principales dispositions du projet de 1826. « La propriété
» littéraire, disait-il, n'est point une propriété comme
» une autre ; elle ne peut être régie purement et simple-
» ment par la loi civile... il lui faut des règles à part ; ses
» conditions *ne peuvent être les garanties* du droit com-
» mun, il s'agit d'un droit spécial à fonder. » Le principe
de la propriété littéraire trouva néanmoins des défenseurs dans la Chambre des Pairs, mais combattu avec
beaucoup de force par M. le duc de Broglie et M. Villemain, il ne put triompher, et pour ne laisser aucun
doute sur la nature des droits que la Chambre des Pairs,
d'accord avec la commission, entendait conférer aux
auteurs, nous ne saurions mieux faire que de citer le
passage suivant du discours du marquis Delaplace. « Le
» principe de la propriété perpétuelle, ou plutôt d'un
» droit perpétuel en faveur de l'auteur ayant été écarté,
» comme ne pouvant servir de base à la loi actuelle, il ne
» s'agit plus que *d'un droit temporaire* qui n'est autre
» chose qu'un *privilége* constitué par la loi en faveur de
» l'auteur, et qui, dès-lors, peut être considéré comme
» en dehors des règles communes qui régissent la pro-
» priété. »

La durée de la jouissance exclusive fut fixée à cinquante ans.

En 1841, M. Villemain, ministre de l'instruction publique, déposait un nouveau projet sur le bureau de la

(1) *Moniteur* des 6 janvier, 26, 28, 29, 30, 31 mai et 1er juin 1839. — *Revue
de législation*, septembre 1839, t. 10, p. 214.

Chambre des Députés (1), et à la suite d'une discussion
approfondie, à laquelle prirent part MM. Renouard,
Berville, de Lamartine, Berryer, Od. Barrot, le projet
fut retiré.

Ainsi, dans le rapide examen que nous venons de faire
de la législation sur le droit des auteurs, nous avons vu
que jusqu'à nos jours la propriété littéraire n'a jamais
été consacrée par nos lois ; que d'abord le Roi accorda
des priviléges pour favoriser les imprimeurs ; que plus
tard les auteurs, pour jouir exclusivement de leurs
œuvres, furent obligés non-seulement de se munir de
l'approbation préalable, mais d'obtenir un privilége
qu'il était toujours loisible à l'autorité de leur refuser
ou de n'accorder qu'à certaines conditions, privilége qui
pendant longtemps a été temporaire et révocable, et qui
n'est devenu perpétuel en la personne de l'auteur qu'en
1777 ; nous avons vu enfin que le législateur de 1793
n'avait pas abandonné dans la réalité le système des
priviléges en accordant aux auteurs un droit d'une nature toute particulière, mais qui n'a aucun des caractères du droit de propriété ; nous avons pu constater en
dernier lieu qu'aucune des tentatives faites par la propriété littéraire pour s'introduire dans nos lois n'avaient
jamais pu réussir, et qu'après les réflexions les plus ap-
profondies, on avait toujours été ramené au système du
privilége.

Les défenseurs de la propriété littéraire n'ont donc
rien à gagner à interroger le passé ; ils y verront leur
doctrine soutenue quelquefois dans des écrits privés et

_____

(1) *Moniteur* des 14, 23, 24, 25, 26, 27, 29, 31 mars; 1, 2, 3 avril 1841.

inspirés par l'intérêt personnel, mais jamais admise par nos lois : consultons maintenant l'expérience des nations voisines.

II. — EXPOSÉ DES DIVERSES LÉGISLATIONS SUR LES DROITS DES AUTEURS.

L'étude de la législation comparée, en ce qui concerne la propriété littéraire, serait des plus intéressantes, on y trouverait d'utiles enseignements, mais nous devons nous contenter ici d'indiquer, sous forme de nomenclature, la nature et la durée des droits reconnus par les législations étrangères, ainsi que les règles du droit international en cette matière.

En Angleterre, la loi protége trois ordres de publications :

1° Celles de la Couronne et de ses cessionnaires ;
2° Celles des universités et de certains colléges ;
3° Celles des simples particuliers.

Si la propriété appartient à la Couronne, la durée du droit est perpétuelle.

Si le droit appartient aux universités, la durée est encore perpétuelle, à moins qu'elle n'ait été limitée dans la donation qui les a rendues propriétaires.

Quant au droit du simple particulier, le droit de copie (*copy right*) s'étend à sa vie entière et de plus à sept ans après sa mort, ou à quarante-deux ans, dans le cas où les sept années accordées aux héritiers, réunies à la jouissance de l'auteur, ne formeraient pas quarante-deux ans. Si l'ouvrage a paru après le décès de l'auteur, le droit de reproduction est également de quarante-deux ans (1).

Les gravures, les lithographies, et toutes les productions obtenues par des procédés analogues, ne jouissent que d'un privilége de vingt-huit ans à partir de la première publication.

La durée du privilége sur les sculptures, modèles, moules, bas-reliefs n'est que de quatorze ans, et si l'auteur survit de vingt-huit ans à partir également de la première publication.

La loi anglaise ne s'occupe pas de la peinture (2).

En *Belgique* et en *Suède*, le droit des auteurs dure pendant toute leur vie. Le droit des héritiers est fixé à vingt ans, mais suivant la loi suédoise, l'ouvrage tombe dans le domaine public, si les héritiers négligent de le réimprimer (3).

En *Autriche* (4), en *Bavière*, en *Portugal* (5), en *Prusse* (6), dans la *Saxe royale* (7), dans le *Wurtemberg* (8), dans les états de la *Confédération germanique* (9), l'auteur a un privilége dont la conservation lui est assurée pendant toute sa vie et dont la durée est de trente ans à partir de son décès, au profit de ses héritiers et ayant-cause indistinctement.

(1) Statut 5 et 6 Victoria. C. 45.

(2) Statut 8, Georges II, C. 13. — Laboulaye, *Revue de législation*, 1852, p. 289 et suiv.

(3) Lois des 16 juillet 1812 et 25 janvier 1817.

(4) Loi du 19 octobre 1846.

(5) Loi du 8 juillet 1851.

(6) Loi du 11 juin 1837.

(7) Loi du 22 février 1844.

(8) Lois des 17 octobre 1838 et 24 octobre 1845.

(9) Résolution de la diète du 9 novembre 1837.

Dans les *États de l'Église*, aux termes de l'édit du
23 septembre 1826, émané du pape Léon XII, la propriété des œuvres des auteurs et des artistes leur est
garantie pendant toute leur vie. Après le décès de l'auteur, la propriété exclusive appartient, pendant l'espace
de douze années, à ses héritiers légitimes.

Le *Danemark* avait accordé aux auteurs un droit plus
étendu et plus voisin par certains côtés du droit de propriété. Antérieurement à l'année 1858, les auteurs d'œuvres littéraires ou leurs ayant-cause y jouissaient du
droit de propriété de ces œuvres pendant un espace de
temps indéterminé, sous la seule condition de réimprimer les éditions épuisées dans un délai d'une année, de
six ou trois mois, selon l'importance de l'ouvrage ;
mais la loi du 29 décembre 1857 a réduit à trente années après le décès de l'auteur le terme de cette jouissance, avec cette réserve, en outre, que la reproduction
est permise, lorsque depuis cinq ans l'éditeur ne possède
plus aucun exemplaire de la dernière édition.

En *Espagne*, la loi publiée le 10 juin 1847, contient
une assez singulière distinction. Elle accorde aux auteurs originaux et aux traducteurs en vers d'ouvrages
écrits dans les langues vivantes la jouissance de leurs
œuvres pendant toute leur vie. —Le droit de leurs héritiers dure cinquante ans. La même règle s'applique aux
traducteurs en vers ou en prose des ouvrages écrits
dans les langues mortes. Quant aux traducteurs en prose
d'ouvrages écrits dans les langues vivantes, ils ont bien
la propriété de leur auteur pendant leur vie, mais le
droit n'est transmis que pour vingt-cinq ans à leurs héritiers.

La *loi russe* est une des plus complètes sur la matière. Elle assure à tout auteur et traducteur d'un livre, le droit de l'éditer, sa vie durant, et d'en disposer comme d'un titre acquis (1).

Les héritiers ont un droit exclusif de publication pendant vingt-cinq ans.

Si cinq ans avant l'expiration de ce délai, une nouvelle édition est publiée, ce qui reste à courir du délai de vingt-cinq ans est augmenté de dix ans (2).

La loi russe contient surtout une foule de dispositions relatives aux droits des artistes, dans lesquelles elle a déterminé quels sont les moyens de reproduction qui sont prohibés, les limites dans lesquelles les emprunts sont défendus, et beaucoup d'autres points fort délicats.

Elle a, en outre, tranché deux questions qui divisent encore notre jurisprudence, en décidant qu'on ne peut pas réputer contrefaçon la reproduction d'une œuvre d'art appliquée à des produits industriels, et qu'il n'y a pas de contrefaçon dans le fait de reproduire, par la sculpture, une œuvre de peinture, et réciproquement.

Aux *États-Unis* d'Amérique, le privilége ou droit de cöpie de l'auteur n'est que de vingt-huit ans, mais une prorogation de quatorze années est accordée à l'auteur, s'il survit, ou à la veuve, aux enfants et petits-enfants.

En *Grèce*, la durée du droit de reproduction n'est que de quinze ans, à dater du jour de la première publication.

Au *Mexique*, le décret des Cortès, du 10 juin 1813,

(1) Code préventif, tit. VI, sect. II, 1832.
(2) *Digeste des lois civiles*, liv. III, tit. II, ch. VII, 1842.

assure aux auteurs un droit viager, et aux héritiers et ayant-cause un droit de jouissance de dix ans ; au *Chili,* le droit des héritiers n'est que de cinq ans (lois du 24 juillet 1834 et 9 septembre 1840) ; dans l'état de *Vene-zuela,* il est de quatorze ans (loi du 19 avril 1839). Mais pour jouir du bénéfice de la loi, il faut, comme sous notre ancienne législation, une patente de privilége, qui doit être insérée en tête de l'ouvrage.

Dans la plupart des lois que nous venons de citer, on rencontre des dispositions fort ingénieuses, que les limites de cette étude, déjà trop étendue, ne nous permettent pas de citer, mais qui seront consultées avec fruit par ceux qui seront appelés à discuter le projet de loi (1).

Mais il ne suffisait pas aux divers gouvernements de protéger leurs propres sujets, à une époque où les rapports des peuples reposent de plus en plus sur la justice et sur le droit, ils devaient chercher à organiser entre eux un système de protection réciproque pour les œuvres de l'intelligence, qui, si elles honorent avant tout la patrie de l'auteur, appartiennent aussi à l'humanité elle-même. Et aujourd'hui, soit les traités diplomatiques passés avec certaines puissances, soit même leur propre législation, admettant le système de la réciprocité, ont mis fin à ces contrefaçons étrangères, qui à certaines

---

(1) Voir sur ces questions de législation comparée :
Renouard, *Traité des droits d'auteur ;*
La Revue étrangère et française ;
Villefort, *La propriété littéraire et artistique au point de vue international;*
L. Blanc, *Code général de la propriété industrielle, littéraire et artistique ;*
Dalloz, *Propriété littéraire,* n°ˢ 22 à 72.

époques ont porté de si rudes coups au commerce de la librairie. Il suffira de jeter les yeux sur la liste que nous donnons de ces différents actes, pour se convaincre qu'aujourd'hui il est peu de pays en Europe où la contrefaçon puisse encore trouver asile.

1° Législations admettant le principe de la réciprocité.

AUTRICHE. — *Loi pour la protection de la propriété littéraire et artistique, contre la reproduction illégale et la contrefaçon* (19 octobre 1846).

« ART. 39. — La protection établie par la présente loi est garantie aux ouvrages publiés à l'étranger, hors du territoire de la Confédération germanique, dans la mesure de la protection accordée par les lois de chaque pays étranger aux ouvrages publiés dans les états autrichiens. »

BAVIÈRE. — *Loi concernant la protection de la propriété littéraire et artistique contre l'imitation et la contrefaçon.*

« ART. 12. — Les productions littéraires et artistiques publiées dans un état étranger, jouiront en Bavière de la protection de la présente loi, dans la mesure de la protection qui est accordée par la loi du pays étranger aux ouvrages publiés en Bavière.

DANEMARCK. — *Ordonnance du 7 mai 1828 concernant la protection des droits des étrangers.*

« Nous, FRÉDÉRIC VI, etc.

» Considérant que la contrefaçon des ouvrages littéraires n'a jamais été tolérée dans ce pays, que l'on a eu l'intention de la prohiber par une loi expresse, puisque l'ordonnance du 7 janvier 1741, s'applique à la contrefaçon des écrits ;

« Considérant que cette ordonnance s'applique généralement à tous les écrits dont la publication est interdite en ce pays, notamment à ceux qui produisent un bénéfice pour les sujets des autres états où les nôtres jouissent d'un droit réciproque de protection, nous mandons et ordonnons par les présentes, que la prohibition relative à la contrefaçon soit appliquée également, avec la peine qui y est édictée, aux écrits sur lesquels les sujets étrangers ont des droits d'auteur, pourvu que dans le pays de ces étrangers, la contrefaçon des écrits de nos sujets soit réciproquement prohibée. En conséquence tous nos sujets observeront cette loi.

» Fait en notre ville royale de Copenhague, le 7 mai 1828. FRÉDÉRIC. »

PRUSSE. — *Loi pour la protection des œuvres littéraires et artistiques contre l'imitation et la contrefaçon* (11 juin 1837).

» ART. 38. — La présente loi sera applicable aux ouvrages qui ont paru dans un état étranger, dans la mesure de la protection accordée par les lois de cet état aux ouvrages publiés dans le territoire de notre monarchie.

2° Traités diplomatiques.

BADE (Grand-Duché de). — 2 juillet 1857. — Décret

des 26 août-7 septembre 1857. D. P. 57, 4, 177. (*Bull. des lois*, XI° série, n° 539.)

BELGIQUE. — 1ᵉʳ mai 1861. — Déclaration interprétative du 27 mai. — Décrets des 27-31 mai 1861. D. P. 61, 4, 67, 69. (*Bull. des lois*, n° 9056-9057.)

BRUNSWICK (Duché de).—Convention du 8 avril 1852. — Décret des 19-22 octobre 1852. D. P. 52, 4, 202. (*Bull. des lois*, X° série, n° 583.)

ESPAGNE. — 15 novembre 1853. — Décret des 4-9 février 1854. D. P. 56, 4, 28. (*Bull. des lois*, XI° série, n° 132.)

GENÈVE. — 30 octobre 1858. — Décret des 8-17 janvier 1859. D. P. 59, 4, 8. (*Bull. des lois*, n° 6155.)

GRANDE-BRETAGNE et IRLANDE. — 3 novembre 1851. — Décret du 22 janvier 1852. D. P. 52, 4, 38. (*Bull. des lois*, X° série, n° 481.)

HAMBOURG. — 2 mai 1856. — Décret des 8-29 juillet 1856. D. P. 56, 4, 84. — Décret impérial portant qu'à dater du 1ᵉʳ octobre 1857, la vente des impressions ou reproductions d'ouvrages dont la propriété est établie sur le territoire de la ville de Hambourg, cessera d'avoir lieu dans l'empire français. — 10-24 septembre 1857. D. P. 57, 4, 185. (*Bull. des lois*, XI° série, n° 412.)

HANOVRE. — 20 octobre 1851. — Décret des 16-22 janvier 1852. D. P. 52, 4, 35. (*Bull. des lois*, X° série, n° 480.)

HESSE-CASSEL (Électorat de). — 7 mai 1853.— Décret

des 25 août-26 septembre 1853. D. P. 53, 4, 221. (*Bull. des lois,* XIe série, n° 92.)

HESSE-DARMSTADT (Grand-Duché de). — 18 septembre 1852. — Décret des 23 novembre-3 décembre 1852. D. P. 52, 4, 212. (*Bull. des lois,* X^e série, n° 592.)

HESSE-HOMBOURG (Landgraviat de). — 2 octobre 1852. — Décret des 23 novembre-3 décembre 1852. D. P. 52, 4, 213. (*Bull. des lois,* X^e série, n° 592.)

ITALIE. — 29 juin 1862. — Décret des 24-30 septembre 1862. D. P. 62, 4, 115. (*Bull. des lois,* X^e série, n° 626.)

NASSAU (Duché de). — 2 mars 1853. — Décret des 27 avril-7 mai 1853. D. P. 53, 4, 73. (*Bull. des lois,* XIe série, n° 39.)

OLDENBOURG (Grand-Duché de). — 1er juillet 1853. — Décret des 30 novembre-7 décembre 1853. D. P. 54, 12. (*Bull. des lois,* XIe série, n° 109.)

PAYS-BAS. — 29 mars 1855. — Décret des 10-17 août 1855. D. P. 55, 4, 79. (*Bull. des lois,* 2944.) — Arrangement supplémentaire. — 27 avril 1860. — Décret des 15-17 mai 1860. D. P. 60, 4, 49. (*Bull. des lois,* 7621.)

PORTUGAL. — 12 avril 1851. — Décret des 27 août-5 septembre 1851. (*Bull. des lois,* X^e série, n° 437.) — Le projet de Code pénal qui s'élabore en ce moment, admet, paraît-il, le principe de la réciprocité.

REUSS, branche aîné (Principauté de). — 24 février 1853. — Décret des 29 avril-9 mai 1853. D. P. 53, 4, 74. (*Bull. des lois,* XIe série, n° 41.)

Reuss, branche cadette (Principauté de). — 30 mars
1853. — Décret des 10-24 juin 1853. D. P. 53, 4, 136.
Bull. des lois, XI° série, n° 60.)

Russie. — 6 avril 1861. — Décret des 22-29 mai 1861.
D. P. 61, 4, 62. Bull. des lois, 9042.)

Saxe (Royaume de). — 19 mai 1856. — Décret des 3-
13 juin 1856. D. P. 56, 4, 61. (Bull. des lois, XI° série,
n° 399.)

Saxe-Weimar-Eisenach (Grand-Duché de) — 17 mai
1853. — Décret des 27 juin-2 juillet 1853. D. P. 53, 4,
143. — Bull. des lois, XI° série, n° 65.)

Schwarzbourg-Rudolstadt (Principauté de). —
16 décembre 1853. — Décret des 9-17 février 1854.
D. P. 54, 4, 30. (Bull. des lois, XI° série, n° 137.)

Schwarzbourg-Sondershausen (Principauté de). —
7 décembre 1853. — Décret du 24 février 1854. D. P.
54, 4, 33. (Bull. des lois, XI° série, n° 143.)

Waldeck et Pyrmont (Principauté de). — 4 février
1854. — Décret des 27 avril-4 mai 1854. D. P. 54, 4,
78. (Bull. des lois, XI° série, n° 26 (1).

Enfin, en dehors de toute intervention gouvernemen-
tale, les peuples ont voulu se rapprocher de plus près
encore, et le 27 septembre 1858, un congrès s'est réuni à

(1) 29 avril-13 mai 1854. — Décret impérial qui fixe le droit auquel seront
soumis les certificats constatant le dépôt des livres, gravures, etc., effectué
dans les chancelleries diplomatiques et consulaires, en vertu des traités sur la
propriété littéraire et artististique. D. P. 54, 4, 81. Bull. des lois, n° 1423.
— Sur les publications antérieures aux traités, voir Circulaire ministérielle de
la police générale. D. P. 53, 3, 46.

Bruxelles pour examiner la question de la propriété littéraire. Des écrivains, des artistes, des jurisconsultes, des
libraires, des imprimeurs de tous les pays furent invités
à s'y rendre, et à présenter leurs observations sur les
vingt-huit questions dont le programme leur avait été
adressé à l'avance (1); de toutes parts, on répondit à ce
généreux appel, et les auteurs reçurent le meilleur ac-
cueil dans la ville où la contrefaçon avait si souvent
trouvé un abri. En 1861, un nouveau congrès littéraire
se réunit à Anvers.

De ce double congrès, où la question fut examinée
avec le plus grand soin par des hommes d'opinions diverses, sortit la condamnation solennelle du système
de la propriété de droit commun appliquée aux œuvres
de l'esprit (2).

Les sarcasmes, il est vrai, n'ont pas été épargnés à ces
assemblées, sorte de tournois littéraires où, sous un
prétexte quelconque, il est permis au premier venu de
satisfaire ses prétentions oratoires méconnues ailleurs,
mais à côté de ces discoureurs cosmopolites, il se rencontre des hommes dont l'éloquence et la renommée
donnent à ces congrès une autorité incontestable.

Ainsi, la doctrine de la perpétuité, repoussée de nos
lois à toutes les époques, n'a jamais été admise par
aucun peuple, si ce n'est cependant en Hollande, à deux
reprises différentes, de 1796 à 1811 et de 1814 à 1817.

(1) Rapport fait par M. Hachette, au nom du Cercle de la librairie, sur les
questions soumises au Congrès par le Comité d'organisation. — Paris, in-8°,
juin 1858.

(2) Henry Moreau, *Les congrès et la propriété littéraire*, — *Correspondant*
du 25 octobre 1858. — *Journal des Débats* des 14 septembre et 1er octobre 1858.

C'est le seul succès dont elle puisse se prévaloir ; il fut
de courte durée, et la Hollande, revenue bien vite de ses
erreurs, se hâta de se rattacher aux principes universel-
lement admis.

Il nous reste à voir maintenant, si ce consentement
unanime des peuples est conforme à la raison et au
droit : c'est ce que nous allons rechercher, en étudiant
de plus près les différents systèmes qui se sont produits
sur cette importante question.

III. — EXPOSÉ DES PRINCIPAUX SYSTÈMES SUR LES DROITS D'AUTEUR.

Les différents systèmes qui ont été tour-à-tour sou-
tenus dans la longue et ardente polémique sur les droits
des auteurs peuvent se réduire à trois, et se formuler
ainsi :

1° Privilége temporaire au profit de l'auteur, de ses
héritiers et de ses cessionnaires ;

2° Propriété perpétuelle, pure et simple, soumise
aux règles du droit commun ;

3° Droit de jouissance perpétuel, avec des restrictions plus ou moins considérables dans l'application.

Bien que personne n'ignore aujourd'hui les arguments
qui servent de base à chacun de ces systèmes, nous ne
croyons pas inutile, cependant, de les rappeler en quelques mots.

§ I. — Privilége temporaire au profit de l'auteur, de ses héritiers
et de ses cessionnaires.

En faveur du privilége, l'on dit : les mots *propriété
littéraire* expriment une idée fausse, le jurisconsulte

ne saurait les accepter. —On ne rencontre ici aucun
des caractères essentiels qui constituent la propriété
véritable. —Une chose n'est susceptible de propriété
qu'à la condition d'être susceptible d'une possession
exclusive, de pouvoir être l'objet d'une pleine et entière
jouissance ; c'est ainsi que tous les jurisconsultes ont
toujours admis que l'air, l'eau courante et la mer étaient
des choses communes à tous les hommes. Par cette
raison, que si nous pouvons en user comme notre voisin,
il nous est impossible d'en restreindre la jouissance à
notre personne exclusivement; pour nous les appro-
prier ainsi, il nous faudrait avoir le pouvoir de changer
la constitution même de l'univers, et de modifier les lois
qui le gouvernent de toute éternité. Or, quoi de plus
contraire à l'idée de possession, c'est-à-dire de jouissance
exclusive, que la publication, d'où va sortir pour tout le
monde la jouissance de l'ouvrage, qui deviendra ainsi la
nourriture de toutes les intelligences, comme l'air est
l'aliment de toutes les existences.

Je suis bien maître de ma pensée, en ce sens que nul
n'a le droit de m'en demander compte tant qu'elle reste
captive dans mon cerveau qui l'a conçue, mais le jour
où elle se manifeste sous la forme d'un discours ou
d'un livre, elle m'échappe du même coup, et il ne m'est
plus possible de la retenir. Puis-je l'empêcher de se
répandre jusqu'au bout de l'univers, si ses ailes peuvent
l'y porter ; puis-je ressaisir les sons que ma voix a émis ;
puis-je reprendre le livre déjà publié ; puis-je empêcher
le lecteur d'en apprendre par cœur certains passages, de
se pénétrer des idées qui y sont exprimées? Désormais
mes pensées, cessant de m'appartenir en propre, vont

17

s'ajouter à ce fond commun qui forme le patrimoine de
l'humanité, où j'ai puisé comme y puiseront tous ceux
qui viendront après moi.

Les connaissances acquises, les conquêtes de la science,
les productions de l'esprit, mêlées et confondues, for-
ment comme un fleuve immense qui se développe avec
l'humanité, chacun de nous vient s'y abreuver à son tour ;
mais nous ne pouvons l'arrêter dans sa marche, tout au
plus pouvons-nous élargir son lit, embellir ses rives, et
parfois, comme de modestes affluents, lui apporter le
faible tribut de nos eaux, mais nous ne saurions l'empêcher de suivre son cours majestueux, et de porter aux
siècles futurs la fécondité et la vie.

Si le droit de l'auteur n'a aucun des caractères de la
propriété, il ne saurait davantage en revendiquer les attributs. — Quiconque à quelque souvenir des principes
du droit, si respectés par nos anciens jurisconsultes, ne
se souvient-il pas d'avoir appris à l'école que les attributs
de la propriété étaient l'*usus*, l'usage ; *fructus,* le profit ;
abusus, la faculté de détruire.

L'usage d'abord n'échappe-t-il pas à l'auteur le jour
où il a livré son œuvre au public ; elle cesse alors de lui
appartenir, il ne peut que la suivre de ses vœux, souvent
impuissants à la protéger. On pourra dénaturer sa pensée, la rendre ridicule par une interprétation maladroite ;
si c'est un tableau, peut-être va-t-il exercer le crayon
timide de jeunes pensionnaires ; si ce sont des vers, un
enfant précoce viendra, d'une voix nasillarde, les réciter
un jour de fête devant les parents assemblés ; et si c'est
une œuvre de musique, nous savons tous qu'un plus
triste sort, s'il est possible, lui est souvent réservé ; la

famille indulgente, ne manquera pas de mettre les fautes
de l'interprète sur le compte du malheureux auteur,
qui, sans doute, préférerait l'oubli à une aussi triste publicité, et qui, s'il avait conservé le droit d'usage exclusif de son œuvre, ne manquerait pas, à coup sûr, de la
préserver de semblables profanations.

Il est un second attribut du droit de propriété (*fructus*), qui n'appartient pas davantage à l'auteur. — C'est
une erreur de croire que lui seul recueille les produits
de son œuvre ; il est souvent celui à qui elle profite le
moins.—A peine l'idée est-elle émise, qu'un autre, plus
habile, peut s'en emparer et en recueillir tout le profit.
— On a voulu, il est vrai, faire une distinction entre le
livre et l'idée. « L'idée, disait, M. de Lamartine, vient
» de Dieu, sert les hommes, et retourne à Dieu en lais-
» sant un sillon lumineux sur le front de celui où le génie
» est descendu et sur le nom de ses fils. — Le livre
» tombe dans la circulation commerciale, et devient une
» valeur productive de capitaux et de revenus comme
» toute autre valeur, et susceptible, à ce titre seul, d'être
» constitué en propriété. »

Mais cette distinction ne sert qu'à démontrer davantage que le profit n'appartient pas exclusivement à l'auteur ; qu'importe qu'il puisse en être ainsi dans une
certaine mesure pour le livre, pour la forme, pour l'expression ; ce n'est là, quelque prix qu'on y attache, qu'un
accessoire : ce qui domine dans une œuvre, ce qui porte
l'empreinte du génie, ce qui exige le plus de travail, le
plus d'efforts, c'est la pensée; il y a des livres mal écrits
qui ont bouleversé le monde. Or, nul ne peut songer à
retenir la pensée captive dans les liens d'une propriété

exclusive et jalouse; elle les brise par la force d'expansion qui est en elle, et quelque sublime que puisse être la conception de votre esprit, quelque effort qu'elle vous ait coûté, quelque éclat qu'elle ait répandu sur votre nom, il n'est pas au monde une puissance qui soit capable d'empêcher cette œuvre immatérielle de votre intelligence de se répandre, et d'être exploitée par de plus habiles : plus elle sera grande, moins vous pourrez la retenir.

Le dernier des trois attributs de la propriété (l'*abusus*) manque également à l'auteur, de même qu'il ne peut retenir la pensée une fois émise, pour en jouir et en profiter à lui seul, de même il ne peut la ressaisir pour la supprimer; il peut anéantir l'exemplaire ou le manuscrit resté entre ses mains; il ne peut détruire l'œuvre que l'impression a répandue à profusion et qui s'est gravée dans la mémoire des hommes. La Fontaine, converti par le père Pouget, désavouait publiquement ses contes en présence de MM. de l'Académie, il renonçait au profit qui devait lui revenir d'une nouvelle édition de cet ouvrage qui s'imprimait alors en Hollande, et poussait le repentir jusqu'à se couvrir d'un cilice (1), mais il ne pouvait supprimer les éditions déjà publiées et je ne sais si les soins qu'il a pris pour désavouer cette partie de ses œuvres n'a pas contribué à les faire connaître davantage. Si nous avons démontré qu'aucun des trois attributs ca-

---

(1) Vrai dans tous ses écrits, vrai dans tous ses discours,
    Vrai dans sa pénitence à la fin de ses jours;
    Du maître qu'il approche il prévient la justice,
    Et l'auteur de *Joconde* est couvert d'un cilice.

                                       (RACINE le fils).

ractéristiques de la propriété ne se rencontre dans le droit des auteurs, il faut en conclure que ce droit n'est pas la propriété. Mais si la raison conduit à ce résultat qu'il ne peut y avoir de propriété littéraire, la justice impose de veiller aux intérêts des gens de lettre et des artistes, de les récompenser du plaisir qu'ils nous procurent et des services qu'ils nous rendent; il faut que le législateur, par une combinaison intelligente des droits de la société et des intérêts de l'auteur, crée, au profit des œuvres de l'esprit, un droit d'une nature particulière, qui assure dans la mesure du possible à l'écrivain, la jouissance de ce qu'il a produit; ce sera un privilége que la reconnaissance publique lui décernera ; et quand la société aura ainsi acquitté sa dette, elle rentrera dans la plénitude de ses droits et rendra au mouvement intellectuel des œuvres un instant immobilisées au profit d'un seul (1).

§ II. — Propriété perpétuelle, pure et simple, soumise
aux règles du droit commun.

Dans un second système, l'on soutient au contraire que le droit de l'auteur a le caractère d'une véritable propriété, qui doit être soumise aux règles du droit commun.

Nier la propriété intellectuelle, c'est attaquer le principe même de la propriété; qu'est-ce que la propriété, sinon le droit qu'a le travailleur sur la valeur qu'il a créée par son travail (2).

(1) *Voir* note, Discours du duc de Broglie.— Renouard, *Des droits d'auteur*.
— Macaulay's, *Speeches on the copyright*, t. I, p. 278.
(2) Bastiat, *Propriété et loi*.

Or, le développement d'une idée, l'exposition d'une doctrine, la conception d'un poème, n'imposent-elles pas à l'homme des travaux aussi rudes, des veilles aussi pénibles que la culture d'un champ ou la fabrication d'un outil?

N'y a-t-il pas, dans les méditations du savant, du philosophe, quelque chose de plus personnel encore que dans le travail du laboureur et de l'artisan, et ne faudrait-il pas ne plus parler de propriété, si l'œuvre de notre esprit, le résultat des études, des veilles, des recherches, des observations de toute notre vie, si les élans de notre cœur, les enthousiasmes de notre âme, les inspirations qui nous entraînent, les pensées qui nous agitent, si cette œuvre, qui est née en nous, qui s'y est développée, qui y était parfaite et vivante, avant même que le monde ait pu la connaître, et qui tient si intimement, si profondément à nos entrailles dont elle est comme le fruit, ne nous appartenait pas? — Si la propriété intellectuelle doit se distinguer de toutes les autres c'est qu'elle représente plus d'efforts dépensés, plus de labeurs accomplis, plus d'habileté déployée, plus de privations acceptées; c'est celle dont l'homme a le plus droit de se glorifier, elle est de toutes la moins fragile, c'est celle qui l'immortalise parce qu'elle a son principe dans cette partie de nous-mêmes que la mort est impuissante à détruire.

C'est en vain qu'on objecte que « l'auteur n'est auteur » qu'à demi et qu'il a pour collaborateur l'humanité elle-» même; » est-ce qu'en toute chose l'homme ne profite pas des travaux de ses devanciers? Si Voltaire a pu dire avec

infiniment d'esprit : « Les écrits c'est du feu que l'on
» emprunte et que l'on prête à son voisin. »

Un poète moderne n'a-t-il pas pu ajouter avec la même
raison,

C'est imiter quelqu'un que de planter des choux (1).

de telle sorte que cet argument pourrait être invoqué
contre toute espèce de propriété; si l'artiste ou l'écrivain profitent des travaux de ceux qui les ont précédés,
la tâche de l'ouvrier ne se trouve-t-elle pas simplifiée
par l'emploi des procédés ou des outils que d'autres ont
découverts; le jardinier pour s'être servi de la brouette,
dont on fait remonter à Pascal l'heureuse invention, ces-
sera-t-il d'être propriétaire des fleurs qu'il aura culti-
vées.

Et qu'on ne dise pas qu'il y aurait pour la société,
pour les lettres, pour les arts un grand danger à considérer le droit des auteurs comme une propriété véritable; que des héritiers négligents laisseraient périr des
œuvres utiles, ou leur ferait subir de fâcheuses mutila-
tions, on conçoit difficilement comment il se pourrait
faire que l'auteur ou ses héritiers, qui pourraient tirer
de la publication d'une œuvre de la gloire et du profit,
fussent amenés à l'anéantir; tout aussi bien ne laisse-
raient-ils pas leurs terres en jachère, ne mettraient-
ils pas le feu à leur maison; si le pouvoir a de ces
méfiances, il faut qu'il nous mette en tutelle et qu'avec
la propriété littéraire il nous dépouille, au nom de

(1) Alfred de Musset.

l'intérêt général, de toutes les autres propriétés (1).

§ III. — Droit de jouissance perpétuel avec des restrictions
plus ou moins considérables dans l'application.

Entre les deux systèmes extrêmes que nous venons
d'exposer, vient s'en placer un troisième qui cherche à
les concilier. Il consiste à laisser libre la reproduction
des œuvres littéraires, à partir d'un certain délai après
la mort de l'auteur, sous la condition d'une redevance
due par les libraires.

Dans ce système l'auteur a un droit qui est perpétuel,
mais qui, à un certain moment, subira une modification
des plus importantes.

Absolu, exclusif pendant la vie de l'auteur, il se
transforme, après son décès, en un simple droit à une
redevance, payée à ses héritiers et partagée entre ces
derniers dans la proportion de leurs parts.

S'il fallait ranger ce droit nouveau dans une catégorie quelconque, on éprouverait un certain embarras ;
bien qu'il soit perpétuel, ce n'est point un droit de propriété, puisqu'à une certaine époque, le droit de disposer de l'œuvre appartient au public, et ce n'est pas non
plus un simple droit d'usufruit, puisque pendant la
durée de sa vie l'auteur a un droit absolu.

(1) *Voir* Sir T. Noon Talfourd, Discours prononcé au Parlement, et publié
par M. Laboulaye dans ses *Études sur la propriété littéraire en France et en
Angleterre.* Paris, 1858. — Passy, *De la propriété intellectuelle.* Paris, 1859.
— Mareschal, *Du droit héréditaire des auteurs.* 1859. — Jules Simon, *publication du Comité de l'Association pour la défense de la propriété littéraire :*
1° La propriété littéraire et artistique ; 2° De l'application du droit commun
à la propriété littéraire ; 3° La propriété littéraire sous le régime du domaine
public payant.

Quel que soit, au surplus, le caractère juridique de ce droit d'invention récente, nous n'avons qu'à rappeler ici les principales raisons sur lesquelles il s'appuie.

Il a, dit-on, ce double avantage d'éviter les inconvénients que présentent les deux autres systèmes; le système du privilége, essentiellement temporaire, assure aux écrivains une protection trop courte pour être efficace, et c'est sous son empire qu'on a vu les descendants des hommes les plus illustres réduits à la misère; le système de la propriété absolue a des inconvénients plus grands encore, il peut être un obstacle à la diffusion des lumières, au progrès de l'esprit humain ; grâce au système de la redevance, la société, d'une part, aura, à partir d'une certaine époque, le droit de s'emparer de l'œuvre, de l'autre, les héritiers de l'auteur, profitant de la publication qui en sera faite, seront à tout jamais à l'abri de l'indigence. La redevance, il est vrai, sera modérée pour ne pas effrayer les imprimeurs, mais l'ensemble de ces redevances formera un bénéfice énorme, heureux auteur ! « ces mille bras du domaine » public vont saisir votre livre et le réimprimer partout » et sans cesse, » et voyez jusqu'où va s'étendre à votre égard la sollicitude touchante de la société; elle ne laissera même pas à vos héritiers les embarras d'une exploitation, elle organisera une administration spéciale qui sera chargée de surveiller les libraires, qui enregistrera les réimpressions, qui percevra les produits, qui surveillera et poursuivra les contrefacteurs ; de telle sorte que, délivrés de tout souci, ils n'auront qu'à se présenter au bureau de l'administration, et qu'à dépenser paisible-

ment des revenus qui arriveront sans la moindre peine
entre leurs mains (1).

Tels sont, en résumé, les trois systèmes qui ont été
débattus devant la Commission : examinons maintenant
celui qu'elle a cru devoir adopter.

IV. — EXPOSÉ DU PROJET DE LA COMMISSION.

Le projet de la Commission contient trente-six articles,
ce serait une tâche longue et difficile que de les analyser
en détail; on serait conduit par là à examiner toutes les
questions que la réglementation des droits des auteurs
peut soulever, et de la brochure il faudrait faire un vo-
lume. — Peut-être déjà le désir de ne rien omettre nous
a-t-il conduit à trop étendre les limites du travail qui
nous était confié, nous nous bornerons donc maintenant
à résumer le système consacré par le projet et les dispositions essentielles qu'il contient.

«Le système proposé, dit le rapporteur, reconnaît
»aux auteurs, sur leurs œuvres, le droit exclusif à la
»jouissance des fruits qu'elles peuvent produire, il leur
»en assure la libre et entière disposition; enfin il les au-
»torise à les transmettre par tous les moyens qui, d'après
»le droit commun, sont employés à la transmission de
»toutes les espèces de biens. »

Quel est ce droit, le rapporteur le déclare : « c'est le
»droit de propriété; » et il ajoute : « C'est là ce qui
»constitue l'innovation, et je n'hésite pas à le dire, il
»y a progrès. »

(1) Hetzel, *La propriété et le domaine public payant.* 1862. — A.-F. Didot,.
Observations présentées à la Commission de la propriété littéraire. 1863.

Et maintenant, si nous cherchons de plus près l'application de ces principes, nous voyons d'abord que le projet a pour titre ces mots : *Projet de loi sur la propriété littéraire et artistique.* — Et nous trouvons dans l'article 1ᵉʳ une déclaration non moins formelle.

« ARTICLE PREMIER. — La propriété littéraire et artis- » tique est le droit, pour les auteurs, compositeurs et » artistes et leurs ayant-cause, *de disposer et d'user à* » *perpétuité de leurs œuvres,* conformément aux distinc- » tions établies dans les articles suivants :

» Elle s'acquiert et se transmet par les manières énon- » cées dans les articles 711 et 712 du Code Napoléon. »

Il n'y a donc pas à en douter, c'est une propriété véritable soumise aux règles du droit commun et annexée au Code Napoléon, que la Commission propose de consacrer.

Mais si l'on continue la lecture du projet, on n'est pas peu étonné de lire dans l'article 2, que le droit, proclamé perpétuel, ne subsistera au profit des héritiers du conjoint ou des légataires que pendant cinquante ans, et qu'à l'expiration de cette période, il sera permis à tout le monde de s'emparer de l'œuvre, de la publier, de la reproduire, de la faire reproduire, de l'exposer ou de la faire représenter (art. 3) moyennant une redevance prélevée sur le produit des publications.

Nous disions que ce n'était pas sans surprise que l'on rencontrait ces dernières dispositions ; c'est qu'en effet, si on les rapproche de l'article 1ᵉʳ, on ne sait plus quel est le système que la Commission a entendu adopter ; si l'on s'attache aux mots, on dit : c'est le système de la propriété ; mais si l'on va au fond des choses, on voit bientôt que c'est le système de la jouissance perpétuelle.

Il ne suffit pas, en effet, pour transférer la propriété à quelqu'un de lui dire vous êtes propriétaire, il faut lui donner les droits qui sont les attributs de la propriété. À quoi bon répéter sur tous les tons que la propriété littéraire est la plus respectable des propriétés ; à quoi bon déclarer qu'elle est perpétuelle ; à quoi bon se faire l'honneur de cette innovation législative, quand quelques lignes plus bas on fixe à cinquante ans la durée du droit de l'auteur, quand on donne au premier venu, moyennant une rétribution dont la quotité est fixée à l'avance et en dehors de l'auteur, le droit de s'emparer de l'ouvrage, de lui donner telle ou telle forme, et de le publier sans l'autorisation et peut-être contre la volonté des héritiers?

Si les écrivains ont un droit de propriété véritable, il faut leur en garantir la perpétuelle possession et ne pas se contenter de reculer de quelques années, ce qui serait une véritable spoliation. Si, au contraire, ils n'ont qu'un droit de jouissance, il ne faut pas se servir, dans le langage précis de la loi, du mot *propriété ;* nous savons bien que la loi étant faite pour des gens d'imagination, on a pu penser qu'ils se laisseraient séduire par l'éclat des mots, et qu'ils seraient tout aussi satisfaits que si on leur donnait la chose ; mais ces expressions de droit perpétuel, de propriété sacrée, leur sont prodiguées depuis trop longtemps pour qu'on ait besoin de les leur donner de nouveau, et ces déclarations stériles, dont ils connaissent la valeur, les toucheront moins à coup sûr que la prolongation de la durée du privilége.

Est-ce à dire que nous voulions reprocher au projet de

n'avoir pas en réalité fondé la propriété littéraire; tant s'en faut, nous ne sommes pas partisans de ce système radical, qui voudrait, assimilant en quelque sorte les œuvres de la pensée aux choses matérielles susceptibles d'une possession effective, les soumettre aux mêmes lois. Nous sommes encore trop près de l'école pour en avoir oublié les enseignements, et nous ne pouvons nous décider à donner le nom de propriété à un droit qui n'a, dans la réalité, aucun des attributs caractéristiques de la propriété.

Ce serait donc, s'il nous était permis d'exprimer une opinion, toute autre chose que des critiques que nous adresserions à la Commission pour n'avoir pas admis dans la réalité et avec toutes ses conséquences le système de la propriété. Mais enfin nous aurions compris qu'elle eût adopté ce système, il a été défendu par des hommes éminents, il a pour lui les autorités les plus considérables, et il a séduit plus d'une imagination généreuse. Mais ce que nous reprochons au projet, c'est d'avoir mal qualifié le droit qu'elle organisait, c'est de s'être servi des mots *propriété, perpétuité,* tout en limitant à cinquante ans le droit de l'auteur et en consacrant les droits du public. — Il y a là une contradiction évidente, et qui, dans la pratique, pourrait amener toutes sortes de difficultés et de confusions. — Quand le législateur se mêle de donner des définitions, ce qui est toujours dangereux, il faut qu'elles soient d'une exactitude rigoureuse, autrement ceux pour qui la loi est faite peuvent se méprendre sur la nature et sur l'étendue de leurs droits, et ceux qui sont chargés de l'appliquer peuvent en mal comprendre la portée.

Il faut espérer que ces inconséquences disparaîtront et que quand le projet aura traversé toutes les épreuves qu'il est destiné à subir, il ne présentera plus cette opposition entre le mot et la chose, entre les principes qui sont proclamés et le droit qui est constitué.

Quel est ce droit et quelle amélioration va-t-il apporter à la condition des artistes? c'est ce que nous devons nous demander.

Nous aurions trouvé très-raisonnable et très-juste que l'on prolongeât la durée du droit de jouissance des auteurs, c'est en ce sens que concluaient les projets antérieurs, et nous avons vu que les législations étrangères n'avaient pas cru utile de faire davantage; la Commission a pensé que cette prolongation du délai ne suffirait pas, mais elle ne s'est pas arrêtée là : elle a imaginé ce système nouveau qui consiste, à l'expiration de la cinquantième année, à prélever sur chaque exemplaire une redevance au profit des héritiers de l'auteur.

N'est-ce pas aller trop loin? Nul n'est plus que nous pénétré d'admiration pour les œuvres de l'intelligence, nul n'a plus de respect pour ces hommes éminents, qui, négligeant souvent leurs propres intérêts et se dévouant aux choses de l'esprit dans un siècle d'argent et d'affaires, consacrent leur vie au culte désintéressé des sciences, des lettres ou des arts ; mais enfin quelque obligation que la société puisse contracter à leur égard, elle ne peut avoir la prétention de les soustraire à toutes les misères de la vie humaine.

A moins de constituer des majorats littéraires (1), il

(1) Proudhon. — *Des Majorats littéraires.*

faut accepter cette fatale nécessité ; n'est-elle pas commune à tous les hommes ? n'atteint-elle que les descendants des écrivains et des artistes ? et si la société se chargeait de les mettre à tout jamais à l'abri du besoin, ne se verrait-elle pas obligée de traiter de la même façon la postérité la plus reculée de tous ceux qui, dans les diverses fonctions publiques, consacrent leur vie au service de l'État ?

Aucune société ne pourrait accepter un pareil fardeau, et il faut admirer en cela les desseins de la Providence ; si les travaux du père assuraient à tout jamais la situation des fils, ils seraient exposés à s'endormir dans une dangereuse oisiveté, et oublieraient bientôt que chacun est tenu de participer au mouvement qui entraîne les sociétés vers de nouveaux progrès.

Nous croyons donc que le public eût largement payé sa dette aux auteurs en leur garantissant la jouissance exclusive de leurs œuvres pendant toute leur vie et cinquante ans après leur mort.

Au reste, le système de la redevance ne nous paraît pas devoir atteindre le but qu'on s'est proposé.

On a voulu empêcher que les héritiers d'un homme de génie, que les possesseurs d'un nom illustre, fussent exposés aux atteintes de la misère. Pour cela on a fixé à 5 p. 0/0 du prix fort de chaque exemplaire la redevance attribuée aux héritiers, quelle que soit la valeur de l'œuvre, quel que soit le format du livre ; l'importance de la redevance dépendra uniquement du nombre de lignes et de volumes. L'éditeur, en serrant l'impression, sera maître de restreindre à son gré le droit des héritiers à des proportions insignifiantes, sans compter que ce n'est pas toujours au vrai mérite que s'attache la faveur publique, souvent bien frivole ou bien injuste; dans les sciences surtout, que d'œuvres qui ont coûté à leur auteur des travaux que l'homme du monde ne soupçonne même pas, qui ont rendu à la société les plus grands services, et dont il se vend à peine quelques exemplaires? pour ces ouvrages si dignes d'intérêt, la redevance ne sera qu'une illusion, elle sera impuissante à atteindre le but qu'on s'était proposé; et tandis que les héritiers des noms les plus célèbres seront réduits à l'indigence, les heureux possesseurs de l'une des œuvres de cette littérature facile et corruptrice si goûtée aujourd'hui, recueilleront à eux seuls le bénéfice de la loi.

En soumettant ainsi à un tarif égal des ouvrages d'un débit inégal et de mérites si divers, on a oublié que l'égalité ainsi entendue devient une véritable injustice, et ce n'est pas sans surprise que l'on voit les partisans de la propriété se faire les patrons de pareils systèmes, qui éveillent involontairement le souvenir de ces dangereuses doctrines qui voulurent un jour appliquer à des travaux d'un ordre moins relevé la même égalité dans la rémunération. Et maintenant si l'on passe à l'application de ce projet, que de difficultés sans nombre ne va-t-on pas rencontrer, sans parler de l'élévation du prix des livres qui en sera la conséquence immédiate, sans parler surtout du dangr immense que présentent aujourd'hui tous les systèmes qui, au lieu de réveiller l'initiative individuelle trop profondément endormie, tendent à faire intervenir l'État dans nos affaires domestiques, et à centraliser entre ses mains la gestion de nos intérêts privés.

Mais à côté de ces inconvénients d'un ordre si élevé, que d'embarras de détail : Comment se fera la perception de la redevance ? quelle administration publique en sera chargée ? dans quelle caisse les sommes versées par les libraires de toute la France seront-elles déposées ? comment seront-elles remises aux intéressés ? quelles justifications devront-ils faire si les héritiers sont inconnus ? quel emploi fera-t-on des fonds ? et mille autres questions qui se présentent en foule à l'esprit.

Déjà, en 1836, cette idée de la redevance avait été émise, et elle n'avait pas paru mériter une longue discussion : « Le projet, disait M. Vatout, donne lieu à de » graves objections, d'abord l'impôt perpétuel entretien- » drait toujours les livres à un taux élevé, cet impôt sur- » exciterait à la contrefaçon ; — comment établir cet » impôt, sur quelle base, mais le prix d'impression de » papier varie, comment apprécier la valeur de la fabri- » cation ; — mais pourrait-on connaître le nombre des » exemplaires tirés, mais il faudrait donc un agent par » ville, par village ; pour le théâtre c'est possible, c'est » facile même, le nombre des théâtres est déterminé, ils » sont publics, les pièces sont affichées, mais ici tous les » moyens de publicité, de contrôle, d'appréciation même » manqueraient. »

Toutes ces difficultés, nous dirions volontiers toutes ces impossibilités, ne paraissent pas avoir effrayé la Commission. Il est vrai que le rapport à l'Empereur affirme que des préjugés qui avaient créé autrefois des obstacles considérables n'existent plus, et que la redevance, établie sur une base très-simple, ne rencontrera plus les adversaires qu'un système trop compliqué avait dû lui susciter.

Nous ne voyons pas comment les difficultés d'exécution se seraient ainsi effacées, et nous espérons que la Chambre, après avoir effacé du projet le mot *propriété*, écartera également le système de la redevance, et qu'elle reconnaîtra que cette sorte d'impôt, source d'embarras stériles, serait tout à la fois une injustice et une illusion dont il faut débarrasser la loi.

Après avoir indiqué le système général du projet, il ne nous reste plus qu'à résumer ses principales dispositions, en nous contentant, pour les détails, de renvoyer au texte (1).

(1) PROJET DE LOI SUR LA PROPRIÉTÉ LITTÉRAIRE ET ARTISTIQUE.

Art. 1er. — La propriété littéraire et artistique est le droit, pour les auteurs, compositeurs et artistes ou leurs ayant-cause, de disposer et d'user à perpétuité de leurs œuvres, conformément aux distinctions établies dans les articles suivants.

Elle s'acquiert et se transmet par les manières énoncées dans les articles 711 et 712 du Code Napoléon.

Art. 2. — Les auteurs, compositeurs et artistes ont le droit personnel et exclusif de publier leurs œuvres, de les reproduire ou faire reproduire, de les exposer ou faire représenter en public, en employant les procédés appropriés à chaque espèce d'ouvrages.

Art. 3. — A la mort de l'auteur, son droit est dévolu à ses héritiers, à son conjoint ou à ses légataires, conformément aux règles du droit civil.

La durée des droits des héritiers, du conjoint ou des légataires est fixée à cinquante ans, à compter du décès de l'auteur.

La même durée est assurée aux droits que l'auteur a pu conférer, de son vivant, à des donataires ou cessionnaires.

Art. 4. — A l'expiration de la période de cinquante ans fixée par l'article précédent, toute personne peut publier, reproduire, faire reproduire, exposer ou faire représenter les œuvres d'un auteur, d'un compositeur ou d'un artiste, à la charge de payer à ses ayant-cause une redevance prélevée sur le produit des publications ou reproductions, sous quelque forme et par quelque procédé qu'elles aient lieu.

Art. 5. — La redevance établie par l'article précédent est fixée à 5 p. 0/0 du *prix fort* de tous les exemplaires ou objets compris dans chaque édition, publication ou reproduction d'une œuvre littéraire ou artistique.   -

§ I. — Des œuvres susceptibles de propriété littéraire.

ART. 2. Le législateur de 1793 reconnaissait un droit au profit

Elle est fixée, sur les recettes provenant de la représentation d'œuvres dramatiques ou de l'exécution d'œuvres musicales, à la moitié des droits attribués aux auteurs vivants ;

Sauf le droit pour les parties de modifier ces bases par leurs conventions.

ART. 6. — Quiconque veut user de la faculté accordée par l'article 4 ci-dessus est tenu d'annoncer la publication qu'il se propose de faire, dans la forme prescrite par l'article 26 ci-après.

Il est tenu d'ailleurs de payer la redevance fixée par l'article 5 aux ayant-cause de l'auteur, à la charge par ces derniers de justifier de leur qualité.

ART. 7. — Au cas de mariage, le droit de propriété littéraire et artistique reste propre à l'auteur.

Toutefois, la communauté venant à se dissoudre par la mort de l'auteur, le conjoint survivant a droit à la moitié de l'œuvre publiée pendant le mariage, à moins de conventions matrimoniales contraires.

ART. 8. — Le droit de propriété littéraire et artistique ne peut être saisi du vivant de l'auteur, par ses créanciers, ni soumis à l'expropriation pour cause d'utilité publique.

Il en est de même des manuscrits, et, en général, de tous les travaux préparatoires d'une œuvre non encore publiée.

ART. 9. — La disposition à titre gratuit ou la cession à titre onéreux d'œuvres inédites ou déjà publiées sont réglées pour leurs effets et pour leur durée par la volonté des parties.

A défaut de limitation expresse, elles comprennent tous les droits des auteurs ou leurs ayant-cause.

Toutefois, au cas de disposition, à titre gratuit ou à titre onéreux, d'une statue ou d'un tableau, le droit de reproduction est réservé à l'auteur, à moins de stipulation contraire, sans que, dans aucun cas, le propriétaire de la statue ou du tableau puisse être troublé dans sa possession.

ART. 10. — L'auteur peut, soit par acte authentique, soit par testament déterminer le mode de publication de ses œuvres et désigner la personne à laquelle il veut en confier le soin.

Il peut même disposer que la publication aura lieu librement par toute personne et sans redevance, sans toutefois que ces dispositions puissent porter atteinte aux règles du Code Napoléon sur la réserve.

ART. 11. — La publication d'un ouvrage posthume faite par les héritiers de

des auteurs d'écrits en tous genres, des compositeurs de

l'auteur, ou par son conjoint, ou par une personne que l'auteur aurait désignée, leur confère tous les droits que l'auteur aurait eus, s'il avait publié l'ouvrage de son vivant.

La publication par toute autre personne ne confère que les droits qu'aurait un cessionnaire.

Mais, dans ce dernier cas, la période de cinquante ans fixée par le paragraphe 2 de l'article 3 ne court que du jour de la publication de l'ouvrage.

ART. 12. — L'auteur d'un ouvrage anonyme ou pseudonyme, lorsqu'il fait connaître sa qualité, jouit de tous les droits qui y sont attachés.

Si l'auteur reste inconnu, celui qui fait la publication n'a que les droits d'un cessionnaire ordinaire; et la période de cinquante ans fixée par le paragraphe 2 de l'article 3 court du jour de la publication.

ART. 13. — Sont compris dans les dispositions de la présente loi les cours publics, les sermons, les plaidoyers, et, en général, les discours prononcés dans les assemblées et réunions publiques, soit politiques, soit scientifiques ou littéraires. Toutefois, chacun peut publier les plaidoyers ou les discours en rendant compte des audiences des tribunaux ou des séances des assemblées ou réunions.

ART. 14. — Les ouvrages qui consistent en une collection d'articles ou de fragments émanés de différents auteurs sont la propriété de celui qui publie l'œuvre collective, sous la réserve des droits de chaque auteur pour la publication ou reproduction séparée de ses articles ou fragments.

ART. 15. — Les ouvrages faits en collaboration appartiennent par égales portions à tous ceux qui y ont concouru, à moins de stipulations contraires.

Celui des collaborateurs qui devient propriétaire de l'ouvrage entier, soit sur licitation, soit par l'effet de conventions particulières, est considéré comme ayant seul les droits de l'auteur.

ART. 16. — Le compositeur d'une œuvre musicale et l'auteur des paroles qui l'accompagnent ont, à moins de conventions contraires, des droits égaux sur l'œuvre commune.

ART. 17. — Le droit de l'État sur les ouvrages qu'il publie dure trente ans, à compter de leur publication.

Le droit des académies et autres corps littéraires ou artistiques, sur les ouvrages publiés en leur nom et par leurs soins, a la même durée.

Les auteurs ou les éditeurs des ouvrages publiés par ordre de l'État ou par les académies n'ont que les droits qui leur sont formellement concédés par les conventions ou par les règlements.

ART. 18. — Dans le cas où un droit de propriété littéraire ou artistique fait partie d'une succession en état de déshérence, il n'est point dévolu à l'État.

Toute personne peut publier, reproduire, exposer ou faire représenter les œuvres comprises dans la succession, sauf les droits des créanciers.

musique, des peintres et des dessinateurs. Cette énu-

ART. 19. — Tout auteur a, dans les cinq ans qui suivent la publication complète de son œuvre, le droit exclusif de publier une traduction ou d'en auto-
riser la publication.

ART. 20. — La propriété d'une traduction publiée par l'auteur ou avec son
autorisation, dans le délai de cinq ans, ou par toute autre personne après l'expiration de ce délai, est assimilée, pour sa durée et pour ses effets, à la propriété d'une œuvre originale.

ART. 21. — Avant toute publication ou reproduction d'une œuvre littéraire
ou artistique, la déclaration doit en être faite, à Paris, au ministère de l'intérieur, et dans les départements au secrétariat de la préfecture.

Le procès-verbal de la déclaration est inscrit sur un registre spécial.

Une expédition des procès-verbaux faits dans des départements est transmise
au ministre de l'intérieur dans les cinq jours de leur date.

Cette déclaration doit énoncer les nom, prénoms et domicile de celui qui la
fait, les nom, prénoms et domicile de l'auteur, sauf les cas où il s'agit d'ouvrages anonymes ou pseudonymes.

Elle doit indiquer le titre ou contenir la désignation ou la description de l'œuvre, et faire connaître le procédé de publication ou de reproduction, le nombre
des exemplaires ou des objets compris dans la publication ou reproduction, et
enfin leur prix.

Si, postérieurement à la déclaration ci-dessus prescrite, une modification est
apportée soit au nombre, soit au prix des exemplaires, il sera fait une nouvelle
déclaration indiquant le nombre et le prix qui auront été définitivement arrêtés.

Lorsqu'il sera fait plusieurs tirages successifs, chacun sera l'objet d'une déclaration particulière.

ART. 22. — A défaut de déclaration de la part de l'auteur ou de ses ayant-
cause, conformément à l'article précédent, ils sont non recevables à exercer en
justice les droits qui leur sont conférés par la présente loi.

ART. 23. — Aucun acte entre vifs, à titre onéreux ou à titre gratuit, opérant
transmission totale ou partielle, temporaire ou perpétuelle, d'une propriété littéraire ou artistique, n'est valable à l'égard des tiers qu'après avoir été déclaré
et transcrit à Paris, au ministère de l'intérieur, et dans les départements au
secrétariat général de la préfecture.

La transcription est faite sur le registre spécial destiné à recevoir les déclarations prescrites par l'article 21.

Elle a lieu sur la production d'un extrait authentique ou d'un original de
l'acte translatif.

Une expédition de chaque procès-verbal dressé dans les départements est en-
voyée au ministre de l'intérieur dans les cinq jours de sa date.

ART. 24. — Les procès-verbaux transmis par les préfets sont transcrits à leur

mération se retrouve en partie dans l'art. 2 du projet de

date sur le registre tenu au ministère de l'intérieur pour recevoir soit les déclarations de publication, soit les transcriptions d'actes translatifs de propriété
littéraire ou artistique.

Des extraits des registres tenus au ministère de l'intérieur et aux secrétariats
généraux des préfectures sont délivrés à toute personne qui les demande.

Les frais des procès-verbaux de transcription et de délivrance des extraits des
registres sont à la charge des parties; leur quotité est déterminée par un règlement d'administration publique.

ART. 25. — Les déclarations exigées par l'article 21 ne dispensent point des
déclarations et dépôts prescrits par les lois et règlements sur la police de la librairie, de l'imprimerie et de la presse.

ART. 26. — Toute personne qui veut user de la faculté accordée par l'article 4
ci-dessus est tenue d'annoncer la publication qu'elle se propose de faire, par un
avis inséré dans le *Moniteur,* dans le *Journal de la Librairie* et dans un journal
publié au chef-lieu du département de son domicile.

Cet avis doit contenir l'indication de l'ouvrage, le nom de l'auteur, le mode
de publication, les nom, prénoms, profession et domicile de celui qui se propose
de faire la publication.

Il est renouvelé deux fois, de mois en mois.

ART. 27. — A défaut d'insertion de l'avis exigé par l'article précédent, l'éditeur ou le publicateur est puni d'une amende de 16 francs à 2,000 francs, sans
préjudice, s'il y a lieu, de l'action en contrefaçon et de l'action civile en payement de la redevance.

ART. 28. — Est puni de la même peine quiconque, dans les cas prévus par
l'article 21, néglige de faire les déclarations prescrites ou fait une fausse déclaration.

ART. 29. — Quiconque, sans le consentement de l'auteur ou de ses ayant-
cause, publie, reproduit, expose ou fait représenter une œuvre littéraire ou
artistique dont il n'a point la propriété, est coupable de contrefaçon, quel que
soit le moyen de reproduction qu'il emploie.

ART. 30. — Est coupable du même délit quiconque, dans le cas prévu par
l'article 4, fait une publication sans s'être libéré de la redevance fixée par le
paragraphe 1er de l'article 5, entre les mains des ayant-cause de l'auteur,
lorsque ceux-ci ont justifié de leur qualité.

ART. 31. — Est également considérée comme contrefaçon toute publication
d'une œuvre inédite sans le consentement de l'auteur, sans préjudice de peines
plus graves en cas de vol ou d'escroquerie.

la Commission qui porte, que les *auteurs, compositeurs* et *artistes* ont le droit personnel et exclusif de publier leurs œuvres.

I. LES AUTEURS. — En empruntant cette dénomina‐ tion générale aux lois antérieures, le projet a sans doute entendu approuver l'application qui en est faite par la jurisprudence à tous les écrivains, quelle que soit la nature de leur œuvre, alors même qu'elle est dépourvue, non‐ seulement de génie, mais d'un mérite littéraire quel‐ conque, et qu'on n'y trouve l'empreinte d'aucune per‐

ART. 32. — Tout contrefacteur est puni d'une amende de 300 francs à 2,000 francs, et condamné, en outre, à payer au propriétaire des dommages‐ intérêts pour réparation du préjudice à lui causé.

En cas de récidive, l'amende sera de 600 francs à 4,000 francs, et le con‐ trefacteur sera, en outre, puni d'un emprisonnement d'un mois à un an.

Les tribunaux prononcent la confiscation des objets contrefaits et des instru‐ ments qui ont servi à la contrefaçon ; ils ordonnent la destruction de ces instru‐ ments, lorsqu'ils ne peuvent être employés à un autre usage. Dans tous les cas, ils peuvent, sur la demande de la partie civile, ordonner qu'il lui soit fait re‐ mise, en déduction des dommages‐intérêts à elle alloués, des objets contrefaits et des instruments qui ont servi à la contrefaçon.

ART. 33. — Quiconque a sciemment recélé, vendu, mis en vente ou introduit sur le territoire français des objets contrefaits, est puni des peines prononcées par l'article précédent.

ART. 34. — Celui qui publie au détriment de l'auteur un nombre d'exem‐ plaires supérieur au nombre qui est énoncé dans les déclarations prescrites par l'article 21, est puni d'un emprisonnement d'un mois à deux ans et d'une amende de 16 francs à 2,000 francs, ou de l'une de ces deux peines seulement.

ART. 35. — L'article 463 du Code pénal est applicable aux délits prévus par les articles précédents.

ART. 36. — Les œuvres littéraires et artistiques publiées à l'étranger profitent des dispositions de la présente loi, à la charge, par les auteurs, compositeurs ou artistes, de remplir les obligations qu'elles imposent et de se conformer aux stipulations des traités conclus avec la nation sur le territoire de laquelle a eu lieu la publication.

sonnalité, lorsqu'il s'agit, par exemple, d'un tableau synoptique ou d'un plan donnant la place de chacun des députés à la Chambre (1).

Mais ces expressions, *auteurs, écrivains,* avaient donné lieu à d'autres questions non moins importantes et aussi pratiques.

A l'occasion de la reproduction du cours de Cuvier et de M. Andral (2), les tribunaux avaient été saisis de la question de savoir si les leçons des professeurs ne tombaient pas dans le domaine public, et il avait été jugé que le professeur conservait tous ses droits sur son œuvre, parce qu'en se consacrant à l'enseignement public, s'il consent à communiquer, à répandre et à faire partager à ses auditeurs le fruit de ses lumières, de ses connaissances, de son savoir, de son érudition, ce n'est que comme moyen de les instruire, de rendre plus facile, plus heureuse, la marche de leurs études, sans toutefois abdiquer à leur profit, et à son détriment, aucun des avantages et priviléges attachés à l'œuvre et à sa création.

On s'était également demandé si les discours prononcés dans les Chambres n'appartenaient pas au public, auquel ils s'adressaient; en 1839 on avait proposé d'exiger pour leur reproduction le consentement de leur auteur, mais ce projet avait soulevé une vive réprobation, on avait vu là une atteinte portée à la publicité de l'histoire, au droit qui appartient à chaque citoyen, de

(1) Paris, 22 mars 1830 — 21 décembre 1832.
(2) Paris, 18 juin 1840 — 2 mars 1841.

demander compte à chaque orateur politique de chacune de ses paroles (1).

Les mêmes difficultés s'étaient élevées à l'égard des sermons, des plaidoyers, des discours prononcés en public.

Enfin la publication des livres d'église avait donné lieu à une question qui se rattache aux intérêts les plus graves et aux principes les plus élevés.

On sait que le décret du 7 germinal an XIII, porte que les livres d'église ne pourront être imprimés sans une permission de l'évêque diocésain, et que les contrevenants seront poursuivis conformément à la loi du 19 juillet 1793 ; certains auteurs et certains arrêts en avaient conclu que les évêques avaient sur ces ouvrages, alors même qu'ils n'en étaient pas les auteurs, un droit de propriété véritable (23 juillet 1830, C. C., ch. crim. Gaudry, *Traité de la législation des cultes,* t. II, n° 443).

Dans un système contraire, on soutenait que le renvoi fait par le décret à la loi de 1793 n'avait trait qu'à la pénalité, et ne devait pas être considéré comme une assimilation du droit des évêques sur les livres d'église, au droit des auteurs sur leurs écrits (2).

C'est en ce sens que la jurisprudence est fixée.

Cette dernière question, bien qu'elle ait été en 1844 l'objet d'un examen tout particulier dans le rapport

---

(1) Voir sur cette question : — Gastambide, *Traité des contrefaçons ;* — Blanc, — Pardessus, — Renouard, — Rapport de M. Adrien de Tourville, à la conférence des avocats, inséré dans le journal *la Propriété littéraire,* du 18 août 1863.

(2) Renouard, t. II, p. 151. — F. Hélie, *Théorie du Code pénal,* t. VI, p. 55. — Vuillefroy, *Traité de l'administration du culte catholique,* p. 113 et suiv.

présenté par M. Lamartine, a été laissée de côté par le
projet, mais les autres ont été l'objet de dispositions
spéciales.

Art. 13. Dans son art. 13, la Commission décide que les dispositions de la loi sont applicables *aux cours publics,* —
cette expression *publics* a de l'importance, elle ne permet
pas de supposer que la Commission ait entendu admettre
la différence établie, par la loi anglaise, entre les leçons
faites dans une école publique, qui peuvent être repro-
duites, tandis que les cours libres, si répandus dans ce
pays, restent la propriété exclusive de leur auteur. —
Aux sermons, aux plaidoyers, et, en général, aux dis-
cours prononcés dans les assemblées et réunions publi-
ques, soit politiques, soit scientifiques ou littéraires. —
On se demande pourquoi on a cru devoir insérer ces
mots : *en général,* — il y aura donc des discours qui ne
seront pas protégés par la loi. — Quels seront ces discours ? — Le projet ne le dit pas, et l'on ne voit pas
quelle règle le juge devra suivre pour le décider.

Enfin, à l'égard des plaidoyers et discours, le projet
fait une distinction qui rappelle celle que l'on proposait
en 1841 (1). Pour atténuer les inconvénients de l'interdiction, il la restreint à la publication en recueil d'au-

(3) Projet de loi du 18 janvier 1841 (*Moniteur* du 14 mai 1841).

« Art. 7. — Les droits spécifiés dans les articles 1, 2, 3, 4 sont garantis pour
» la publication des cours publics, sermons et autres discours prononcés publi-
» quement, lesquels ne pourront être publiés isolément ni en corps d'ouvrage
» sans le consentement des auteurs et de leurs ayant-cause. — A l'égard des
» plaidoyers et des discours prononcés dans les deux Chambres, ce consente-
» ment ne sera nécessaire que pour la publication en recueil d'auteur. »

teur, mais il permet la reproduction isolée, sous forme de comptes-rendus.

ART. 16. II. LES COMPOSITEURS DE MUSIQUE. — Celui qui compose la musique d'un opéra a autant de droits à la protection de la loi que celui qui écrit les paroles.

Ce qui domine dans une œuvre de ce genre, c'est la musique, les paroles ne sont là que pour servir de thème, et bien que des auteurs de talent n'aient pas dédaigné parfois d'écrire pour un opéra des poèmes justement appréciés, il faut reconnaître, néanmoins, que le rôle du poète est tout à fait accessoire et presque effacé ; cependant le projet les met sur la même ligne en déclarant, dans son art. 16, que le compositeur et l'auteur des paroles auront des droits égaux sur l'œuvre commune ; il est vrai que le même article permet au mucisien de se soustraire, par une convention contraire à cette injuste répartition, mais la situation légale qui lui est faite n'en est pas moins peu proportionnée à la part qu'il a eue dans l'exécution de l'œuvre.

Nous trouvons plus équitable la législation prussienne, qui dispose que l'auteur du poème n'a droit qu'à un tiers des bénéfices (1).

III. LES ARTISTES. — Aux mots *peintre* et *dessinateur* dont se servait la loi de 1793, le projet substitue l'expression générale *artistes*. Dans un siècle où les progrès de la science viennent donner à chaque instant à l'homme un nouveau moyen d'exprimer sa pensée, la

(1) Ordonnance de 1844. — *Revue de Législation*, 1844, t. 20, p. 383.

Commission a compris qu'il fallait se servir d'expressions assez générales pour pouvoir y faire rentrer les
diverses formes de l'art; mais que faut-il entendre par
ce mot *artistes* ? A quelles conditions pourra-t-on revendiquer ce titre, à quel signe les tribunaux le reconnaî-
tront-ils, quel guide les dirigera dans cette appréciation
délicate? Continuera-t-on à exclure de la catégorie des
œuvres d'art protégées par la loi les œuvres exécutées
à l'aide d'un travail mécanique (1) ? les architectes, les
sculpteurs, les photographes eux-mêmes, admis par la
jurisprudence à jouir du bénéfice de la loi ancienne, se-
ront-ils protégés par la loi nouvelle, et si telle est la
pensée de la Commission, n'est-il pas à craindre que
son silence ne se tourne contre eux ? Espérons donc que
toutes ces questions seront soulevées dans les discussions, et donneront lieu, de la part du Gouvernement,
à des déclarations formelles, pour que, d'une part, on
ne soit pas exposé à commettre un délit sans le savoir,
et que, de son côté, le juge puisse y trouver de précieuses indications pour l'avenir (2).

§ II. — Des diverses personnes à qui peut appartenir
la propriété littéraire.

Art. 2, 8, 19.   I. L'AUTEUR. — Le projet lui accorde le droit person-

(1) C'est ce qui a été décidé au sujet des réductions obtenues par les appareils
Collas. C. C., rejet, 16 mai 1862. D. P. 63. 1. 111.
(2) Voir architectes. —Trib. de la Seine, 20 avril 1855. — C. de Paris, 5 juin
1855. D. P. 57. 2. 2. —Sculpteurs. — Crim. rejet. 19 novembre 1814. — 21 juin
1855. D. P. 55. 1. 335. —10 septembre 1814.—Ordonnance interprétative du
Conseil d'État, rendue au profit du sculpteur Romagnesi. Archives du Conseil
d'État. —Comité de l'intérieur. — Photographes. —Jugement du tribunal cor-
rectionnel de la Seine des 9 janvier 1862. D. P. 62. 3. 8. — Arrêt de la Cour de
Paris du 10 avril 1862. C. C. rejet 28 novembre 1862 D. P. 63. 1. 52.

nel et exclusif de disposer de son œuvre pendant toute
sa vie. Mais si son droit est qualifié de propriété, tant
s'en faut qu'il ait la stabilité de la propriété de droit
commun, et qu'il soit entouré des mêmes garanties, il
peut se trouver anéanti si l'œuvre est saisie par suite de
poursuites correctionnelles, ou paralysé lorsque la censure lui interdit la représentation, ainsi ceux-là mêmes
qui, au sein de la Commission ont admis le système de
la propriété, ne l'ont fait qu'en faisant remarquer que
des différences notables séparent la propriété littéraire
de la propriété ordinaire.

Pendant la durée de son droit exclusif, l'auteur
pourra, s'il le veut, anéantir son œuvre ; nul ne pourra
l'en empêcher. L'art. 8 déclare que le droit ne peut être
soumis à l'expropriation pour cause d'utilité publique (1), cela est vrai pendant la vie de l'auteur, mais
cinquante ans après sa mort, le droit pour le public de
reproduire l'œuvre moyennant une redevance n'impli-
que-t-il pas une véritable expropriation. Et lors de la
discussion de la loi de 1854, M. Granier de Cassagnac,
indiquant, pour la première fois, ce système de la redevance, ne la présentait-il pas comme l'indemnité d'une
véritable expropriation, lorsqu'il disait : « Il y a un
» moyen fort simple de garantir à la fois le droit de tous
» à la propriété de la valeur morale des œuvres de l'es-
» prit, et le droit des auteurs sur leur valeur vénale, c'est
» de permettre à tout libraire, graveur, directeur de théâ-
» tre, d'imprimer tout livre, de graver tout tableau, de

(1) Voir *Moniteur* des 21 mars 1837-10 mars 1854. — Dalloz, *Répert.*, Vº Propriété littéraire, nºˢ 201, 202.

» faire représenter toute pièce de théâtre, moyennant une
» redevance aux auteurs. »

Comme conséquence de la jouissance assurée à l'auteur, le projet, dans son article 19, lui assure le droit
exclusif de traduction pendant un délai de cinq années
seulement, afin qu'il ne dépende pas de la négligence
de l'auteur de suspendre indéfiniment une publication
qui peut être agréable ou utile au public. Dans l'article
suivant, il lui donne sur cette traduction les mêmes
droits que sur l'œuvre originale.

C'est là une innovation importante, les lois de la matière ne contenaient aucune disposition spéciale relative
aux traductions, aussi soutenait-on, sous leur empire,
que la traduction n'était pas contrefaçon, qu'elle s'adressait à des lecteurs pour lesquels l'original n'avait pas été
écrit, qu'elle formait une œuvre en quelque sorte nouvelle et exigeant un travail et un talent personnels, et
qu'enfin, supprimer la liberté de traduction, ce serait
mettre un obstacle au libre échange des œuvres intellec-
tuelles ; mais, dans un système contraire admis par la
jurisprudence (1), on faisait remarquer que la traduction d'un livre reproduit nécessairement l'ouvrage original, puisque le traducteur en prend le titre, le sujet, les
idées, les arguments et les phrases, tout, en un mot,
excepté la langue, et qu'il est évident que ce qui constitue l'ouvrage, ce sont les idées, l'ordre dans lequel elles
sont présentées, leurs développements, et non l'idiôme
dans lequel il est écrit ; que s'il est vrai que la traduction
n'est pas destinée à la même partie du public que l'ou-

(1) 23 mars 1847.—Jugement du tribunal de la Seine. (*Droit* du 24 mars.)

vrage original, il n'en est pas moins certain qu'elle en-
lève à l'auteur, sans l'assentiment duquel elle a eu lieu,
une classe de lecteurs à laquelle il aurait pu s'adresser,
et qu'elle le prive des bénéfices sur lesquels il pouvait
légitimement compter, soit en traduisant son ouvrage,
soit en cédant, moyennant rétribution, le droit de traduire ; que la traduction, ainsi faite sans la permission
de son auteur ou de son concessionnaire, est une reproduction dommageable pour lui, de l'ouvrage dont il a la
propriété exclusive.

Sur cette question encore, la Commission a espéré
mettre tout le monde d'accord, à l'aide de concessions
réciproques ; c'est s'exposer à ne satisfaire pleinement
personne. Les partisans de la liberté diront que, s'il était
utile de donner à tout le monde le droit de traduction, il
ne fallait pas l'interdire pendant cinq ans ; et, de l'autre
côté, on fera remarquer, non sans raison, que ce délai est
trop court, et que, pour conserver son droit, l'auteur
sera obligé de faire avec précipitation et à l'aveugle, les
avances de fonds, souvent considérables, qu'exige une
traduction, avant que le succès de son ouvrage ait eu le
temps de s'établir.

Peut-être eût-il mieux valu, l'idée de propriété une
fois admise, de donner au droit de traduction la même
durée et les mêmes garanties qu'au droit de propriété
littéraire, à la charge toutefois, pour l'auteur, comme
cela existe dans plusieurs pays, de déclarer en tête de
son ouvrage, s'il entend se réserver le droit de traduire.

Indépendamment des œuvres publiées par l'auteur
seul, de son vivant et sous son nom, il y a d'autres

publications, d'une nature particulière, dont le législateur devait également se préoccuper ; ce sont :

Art 14.   1° *Les œuvres collectives.* — Il y a déjà longtemps qu'on s'est demandé si la propriété des ouvrages formés d'articles composés par différents écrivains, comme un dictionnaire, un répertoire, appartient à celui qui publie l'œuvre collective. Merlin prenant pour exemple un répertoire demeuré célèbre, disait devant la Cour de cassation : « Le citoyen Guyot n'a composé qu'une »partie du répertoire de jurisprudence. Les trois quarts »au moins de ses ouvrages ont été composés par des »jurisconsultes que le citoyen Guyot avait associés à »ses travaux, et qu'il a indemnisés par des honoraires »au fur et à mesure qu'ils lui remettaient leurs manus- »crits. Cependant qu'est-ce qui oserait contester au- »jourd'hui au sieur Guyot, sur l'intégralité du répertoire »de jurisprudence, le plein exercice des droits que la »loi du 19 juillet 1793 attribue aux auteurs sur leurs »ouvrages. » Sur ces conclusions intervint un arrêt de la Chambre criminelle du 2 décembre 1814 (1), qui pose en principe que ces compilations sont protégées lorsqu'elles ont exigé dans leur composition le discernement du goût, le choix de la science et le travail de l'esprit. Cette règle, admise par tous les auteurs (2), a été consacrée une fois de plus par un arrêt de la Cour suprême du 16 juillet 1853 (3).

(1) D. A. 11. 265, n° 1.

(2) Renouard, t. 2, p. 97. — Gastambide, n° 55.

(3) D. P. 53. 1. 308 ; — et sur nouveau renvoi, Orléans, 10 juillet 1854. D. P. 55. 2. 157. — *Contrà*, arrêts cassés. Paris, 4 mars 1853. D. P. 53. 1. 311. Amiens, 1er décembre 1853. D. P. 55. 2. 157.

C'est cette jurisprudence qui est passée dans l'art. 14 du projet de loi. Seulement ses termes peuvent donner lieu à des difficultés. En disant que la propriété appartiendra à celui qui publie l'œuvre collective, la Commission a-t-elle entendu protéger le simple éditeur ; ne serait-il pas plus juste d'exiger, comme le fait la Cour de cassation, que le travail de l'esprit se trouve joint à l'entreprise de l'œuvre collective, et que l'éditeur ait participé à l'œuvre, soit par la conception de l'idée fondamentale qui sert de lien à toutes les parties de l'ouvrage, soit par le choix des matériaux, la distribution des sujets aux savants et aux gens de lettre, soit enfin par le contrôle sur les travaux partiels ? C'est le travail de l'esprit et non une opération commerciale qu'une loi sur la propriété littéraire est chargée de protéger. Quant aux auteurs des articles, ils perdront tout droit sur leurs articles eux-mêmes ; ils ne pourront les publier isolément que s'ils ont eu soin de se réserver ce droit.

Art. 15.   2° *Ouvrages faits en collaboration.* — En l'absence de conventions particulières, chaque collaborateur a un droit égal sur l'œuvre commune.

Ici se présente encore une question importante ; le principe que nul n'est tenu de rester dans l'indivision doit-il s'appliquer à la co-propriété littéraire ? Sur ce point encore n'aurait-il pas fallu apporter un tempérament à la rigueur du droit commun, serait-il juste de permettre à un homme riche de forcer un collaboreur moins fortuné à abdiquer sa qualité d'auteur ? ne faudrait-il pas, au moins, que le nom du collaborateur fût maintenu sur le titre de l'ouvrage ?

Art. 12.   3° *Ouvrages anonymes ou pseudonymes.* — Plusieurs hypothèses peuvent se présenter : l'auteur se fait connaître, alors il rentre sous l'empire du droit commun, ou bien il demeure inconnu, alors l'éditeur est présumé être propriétaire, et il jouit de l'œuvre pendant cinquante ans à dater de la publication et a droit à la redevance. Mais il est une troisième hypothèse que la Commission n'a pas prévue, c'est celle où le nom de l'auteur viendrait à être connu après sa mort et avant que son œuvre ne soit tombée dans le domaine public par l'expiration des cinquante années ; — le projet de 1841 contenait à cet égard la disposition suivante : « Si cette qualité est » prouvée après la mort de l'auteur, et avant trente ans » révolus à partir de la première publication, les héri- » tiers ou ayant-cause de l'auteur jouiront du droit ex- » clusif jusqu'à l'accomplissement de ladite période de » trente ans. »

Art 17.   4° *Publication faites par l'État, les Académies et autres corps littéraires et artistiques.* — Jusqu'à présent la durée de la propriété de ces sortes d'ouvrages était réputée perpétuelle. En restreignant son droit à trente ans, à compter de la publication, l'État donne l'exemple d'un généreux abandon, qui enrichira promptement le domaine public d'œuvres précieuses.

Mais que faut-il entendre par ces mots : « *publications* » *faites par l'État,* — *ouvrages publiés au nom de* » *l'État,* — *par ses soins,* — *par son ordre?* » — On comprend parfaitement quand il s'agit de documents appartenant à l'État, qu'il ne s'en réserve la publication que pendant trente ans, mais quand il fait publier un

travail particulier, comme le cours d'un professeur de
l'une de ses écoles, le résultat d'un voyage scientifique,.
faut-il que son haut patronage, qu'une distinction aussi
flatteuse accordée à un ouvrage, fasse perdre à son auteur le fruit de ses travaux ; l'article 17 paraît bien supposer qu'un droit sera concédé à l'auteur, mais comme
l'État ne peut donner plus de droits qu'il n'en a lui-
même, le droit de l'auteur n'aurait jamais plus de trente
ans de durée.

Nous ferons une observation analogue pour les académies et corps littéraires; il est bien entendu d'abord
qu'il ne peut s'agir ici que de sociétés légalement insti-
tuées. Les sociétés particulières doivent rester soumises
au droit commun.

Quand un corps scientifique publie, en tant qu'académie, une œuvre dans laquelle la personnalité de chacun
de ses membres disparaît, il n'y a que l'association qui
puisse avoir des droits sur cette œuvre ; il n'en est plus
de même quand il s'agit d'un simple recueil de travaux
distincts, d'une collection d'œuvres individuelles, les
mémoires de l'Académie des sciences, par exemple ; dans
ce cas, le droit de l'écrivain reste entier, et il doit, selon
nous, jouir des garanties qui sont accordées aux autres
ouvrages.

Art. 7.   II. LE CONJOINT. — Le décret de 1810 ne parlait que
de la femme, et ne donnait au mari aucun droit sur les
œuvres publiées par son épouse. Le projet ne fait aucune
distinction, il place à cet égard les deux époux sur la
même ligne, il ne voit en eux que l'*auteur*. — Faut-il en
conclure que la femme pourra céder l'ouvrage qu'elle

aura composé sans l'autorisation de son mari ? Il y a là
une question de capacité légale des plus graves ; elle se
présente également pour le mineur, l'interdit, et il
est fâcheux que le projet ne l'ait point résolue.

Comme bien mobilier, la propriété d'un ouvrage
devrait tomber dans la communauté, cependant l'article 7 déclare que pendant le mariage il reste propre
à l'auteur ; on peut encore voir par là combien la prétendue propriété littéraire diffère de la propriété ordinaire.

On sait quelle était la situation de la femme sous l'empire du décret de 1810 : elle avait un droit viager à la
totalité de l'œuvre de son mari, et le droit des héritiers
ne s'ouvrait qu'à son décès ; le projet supprime ce droit
viager. Au décès de l'un des conjoints, l'œuvre, bien
qu'exclue de la communauté au cours du mariage, sera
partagée : moitié sera attribuée au survivant, à moins de
conventions matrimoniales contraires, moitié aux héritiers, dont la jouissance de cinquante ans commencera à
courir dès le décès de l'auteur.

ART. 3.   III. LES HÉRITIERS. — La propriété littéraire est dé-
volue aux héritiers suivant les règles du droit commun,
soit par l'effet de la loi, soit par disposition testamentaire.
— Les lois encore en vigueur font une distinction entre
les diverses classes d'héritiers, elles fixent la durée du
droit à trente ans pour les enfants, à dix ans pour les
autres héritiers, le projet abroge toutes ces différences.
— Pour tous, sans exception, la durée de leurs droits
sera de cinquante années, et le point de départ sera uni-
forme ; que les héritiers soient seuls ou qu'ils viennent

en concurrence avec la veuve, le délai commencera à courir au décès de l'auteur.

A l'expiration de cette période, la jouissance exclusive des héritiers sera remplacée par un simple droit à une redevance sur le produit des publications.

Lorsque l'auteur meurt sans testament, la propriété de ses œuvres est transmise conformément aux dispositions de la loi ; M. Renouard se demandait, dans son *Traité* (t. II, n° 140), si les enfants naturels devaient être appelés à cette succession ; il faisait remarquer qu'ils ne peuvent avoir de droits qu'autant que la loi les leur accorde expressément ; il serait donc utile de savoir si la Commission a entendu comprendre les enfants naturels dans ces mots héritiers.

ART. 10.   Lorsque l'auteur dispose, par testament ou par donation, de sa propriété littéraire, le projet l'oblige à respecter les règles de la quotité disponible et de la réserve.

Lors de la discussion à la Chambre du projet de loi du 18 janvier 1841, M. Dupin, rappelant l'exemple du chancelier de Lhopital, qui, ayant neuf petits enfants en bas âge et ne sachant lequel d'entre eux serait le plus apte à la publication de ses œuvres, déclara, dans son testament, qu'il entendait que ses manuscrits fussent remis à celui de ses petits enfants qui s'entendrait le mieux aux lettres, demandait que les ouvrages ne fussent pas soumis aux réserves légales frappant les biens ordinaires qui peuvent se gouverner par des considérations d'intérêt. — La Commission a cherché à concilier ces intérêts divers en permettant à l'auteur de déterminer par son testament le mode de publication de ses œuvres, et de désigner la

personne à laquelle il veut en confier le soin. La propriété restera toujours aux héritiers, l'administration
seule pourra être confiée à d'autres mains.

Art. 11. Dans son article 11, le projet s'occupant des *ouvrages
posthumes,* distingue deux hypothèses:—la première est
celle ou la publication est faite par les héritiers, le conjoint ou la personne chargée par lui : dans ce cas, ils
ont le même droit que l'auteur lui-même ; — la seconde
est celle ou la publication est faite par toute autre personne; le projet ne lui confère que les droits qu'aurait
un cessionnaire, c'est-à-dire la jouissance exclusive pendant cinquante ans à partir du jour de la publication et
le droit à la redevance.

Art. 9. IV. Les cessionnaires. —Les droits d'auteur peuvent
être cédés en tout ou en partie. C'est ce que disposent
les articles 1 et 9 du projet. —Cette cession se fait dans
les formes ordinaires et suivant la volonté des parties.

La durée des droits des cessionnaires est également
fixée à cinquante ans à partir du décès de l'auteur; elle
est remplacée, à l'expiration de ce délai, par le droit à
la redevance. — La durée de leurs droits se trouve ainsi
fixée d'une manière moins aléatoire que dans le passé,
elle ne dépend plus de l'existence de la veuve ou des héritiers, et désormais les éditeurs, plus certains de l'avenir, feront aux auteurs des conditions plus avantageuses.

La cession des œuvres d'art présentait une question
importante que le projet a tranchée; on s'était demandé
si le peintre conservait le droit de reproduire son tableau
par la gravure, lorsqu'en vendant le tableau il n'avait

fait aucune réserve. —La jurisprudence était partagée (1).
—Les artistes avaient souvent demandé que le droit
de reproduction leur fût réservé. — « Il est, écrivait
» Horace Vernet (2), d'une importance extrême pour le
» peintre, dans l'intérêt élevé de sa réputation et de sa
» gloire, qu'il reste toujours en possession du droit de
» faire graver ses ouvrages, et qu'il soit toujours le maître
» de choisir lui-même le graveur auquel il se confie, afin
» d'avoir toujours la certitude d'être reproduit par un
» burin digne de son pinceau. » — Les mêmes vœux, ex-
primés, dit le rapport, avec la même vivacité, ont été
adressés à la Commission.—L'article 9 du projet donne
satisfaction à ces justes susceptibilités, en ajoutant, toutefois, que des conventions particulières pourront modifier
la règle, et que l'exercice du droit ne pourra jamais trou-
bler le possesseur de l'œuvre.

Telles sont, en résumé, les règles d'après lesquelles se
feront à l'avenir les traités entre auteurs et éditeurs.
Mais quel sera le sort des cessions antérieures à la loi,
qui va profiter de la prolongation du délai ? l'auteur qui
s'est dépouillé de ses droits d'une façon définitive et absolue, ou l'éditeur qui n'a payé que le prix d'une jouissance moins longue ? — Il y a là une question transitoire
qui demande à être fixée ; en 1825, elle avait été l'objet
de la part de M. de Vatimesnil, d'un amendement fort
sage, qui était ainsi conçu :

« Dans le cas où le droit exclusif des héritiers, tel que

(1) Crim. cass., 23 juillet 1841. — Cass., Ch. réunies, 27 mai 1842. —
Ét. Blanc, p. 269. — Rendu, n° 898.
(2) Horace Vernet, *du Droit des peintres et des sculpteurs sur leurs ouvrages,*
mémoire adressé aux Chambres lors de la loi de 1841.

» l'établissaient les lois antérieures à la présente, auraient
» été cédés en totalité, soit par l'auteur, soit par lesdits
» héritiers, le cessionnaire aura la faculté de jouir de la
» prorogation du droit exclusif résultant de la présente,
» à la charge de payer aux héritiers un supplément de
» prix, qui sera réglé à l'amiable, si faire se peut, sinon
» judiciairement ou sur un rapport d'experts.

Art. 8.   V. Les créanciers. — L'article 8 du projet porte que le droit de propriété littéraire ne peut être saisi : il n'en est pas de même de l'œuvre, quand elle a été publiée, qu'elle n'est plus à l'état de manuscrit ou d'ébauche, elle devient saisissable comme tous les biens mobiliers.

Art. 4-18.   VI. Le public. — Nous avons déjà dit qu'à l'expiration de la période de cinquante années le public entrait en jouissance de l'ouvrage moyennant une redevance perçue sur chaque exemplaire.

Il peut arriver quelquefois qu'une œuvre dépende d'une succession en déshérence, l'article 18 a prévu ce cas en disposant que la dévolution ne se ferait pas au profit de l'État, mais que le droit du public s'ouvrirait immédiatement.

§ III. — Des formalités à remplir pour l'exercice du droit
de propriété littéraire.

Art. 21.   1. Publication faite par l'auteur. — Déclaration au ministère de l'intérieur, ou, dans les départements, à la préfecture, indiquant les nom, prénoms, domicile de l'éditeur et de l'auteur, le titre de l'ouvrage, son format, le procédé de reproduction, le nombre des exemplaires, le prix.

Cette déclaration devra être renouvelée à chaque tirage.

Art. 23-24. II. Cession du droit de propriété. — Le projet, poursuivant toujours l'assimilation de la propriété littéraire et de la propriété ordinaire, a voulu étendre aux cessions d'ouvrages le système de publicité qui donne tant de sécurité aux transactions commerciales.

Il décide, dans son article 23, que les actes de cession ou de donation ne seront apposables aux tiers, qu'autant qu'un extrait en aura été transcrit sur un registre public, qui sera tenu à cet effet, à Paris, au ministère de l'intérieur, et dans les départements, au secrétariat général de la préfecture.

Art. 26. III. Reproduction a l'expiration des cinquante années. — 1° Publication dans le *Moniteur*, dans le *Journal de la Librairie*, dans un journal publié au chef-lieu du département du domicile de l'éditeur ; de l'indication de l'ouvrage, du nom de l'auteur ; du mode de publication ; des nom, prénoms, profession, domicile de l'éditeur. — Cet avis devra être renouvelé deux fois, de mois en mois ;

Art. 21. 2° Même déclaration que dans le cas de l'article 21 ;

Art. 6. 3° Payement de la redevance de 5 p. 0/0 du prix fort de chaque exemplaire compris dans la publication.

20*

Art. 25.   A toutes ces formalités compliquées et dont l'omis-
sion a les conséquences les plus graves, puisqu'elle rend
l'auteur ou ses représentants non recevables à exercer
leurs droits en justice (art. 22), et constitue dans certains cas le délit de contrefaçon, viennent se joindre
encore les formalités, les déclarations, les dépôts prescrits par les lois et règlements de police.

§ IV. — De la contrefaçon et de la pénalité.

Le projet reconnaît trois espèces de contrefaçon :

Art. 29-31.   I. Reproduction, exposition ou représentation
d'une œuvre déjà publiée ou inédite sans le consentement du propriétaire. — Bien que l'article 29 ne parle
pas de la reproduction partielle, on ne peut admettre
qu'il ait entendu la tolérer et déroger sur ce point à l'article 425 du Code pénal, qui dispose formellement que
reproduire un ouvrage par partie c'est se rendre coupable de contrefaçon, comme si on le reproduisait dans son
entier. — C'est à la sagesse du magistrat qu'il appartient
de distinguer le contrefacteur du plagiaire, qui ne doit
avoir d'autre juge que l'opinion publique, d'autre châti-
ment que le ridicule.

Art. 30.   II. Publication faite a l'expiration de la cinquantième année sans avoir satisfait au payement préala-
ble de la redevance.

Art. 33.   III. Récel, vente, introduction sur le territoire
français des objets contrefaits. — Les différentes

espèces de contrefaçon sont toutes punies de la même peine. L'amende, qui, sous l'empire de la loi de 1793, était de 100 à 2,000 francs contre le contrefacteur et de 25 à 200 francs contre le débitant, sera contre l'un et l'autre de 300 à 2,000 francs, et s'il y a récidive, de 600 à 4,000 francs; et, dans ce dernier cas, il sera même prononcé un emprisonnement d'un mois à un an. Ces peines seront appliquées, indépendamment de la confiscation des objets contrefaits, de leur destruction, ou de leur remise à la partie civile.

A côté de ces délits, dont la pénalité seule est modifiée, viennent se joindre deux délits nouveaux; le premier, qui consiste à ne pas publier, conformément à l'article 26, l'intention où l'on est d'éditer un ouvrage; et le second à dissimuler dans les déclarations prescrites le nombre des exemplaires pour diminuer l'importance de la redevance; le premier de ces délits est puni d'une amende de 16 francs à 2,000 francs, le second d'une amende égale, et de plus d'un emprisonnement d'un mois à deux ans.

L'élévation de la pénalité rendra la contrefaçon et la fraude plus difficiles, en les rendant plus périlleuses; peut-être ce système de répression paraîtrait-il trop rigoureux, si l'on ne se rappelait que la mauvaise foi est l'élément constitutif du délit de contrefaçon, et que la faculté réservée au juge par l'article 35 d'admettre des circonstances atténuantes, lui permettra toujours de ramener la peine aux proportions de la culpabilité.

Tel est le système de protection que le législateur a organisé au profit des œuvres de la pensée; la Commission, obéissant aux plus nobles inspirations, aurait cru

mal comprendre sa mission, si elle avait restreint le bénéfice de la loi aux nationaux ; elle a voulu couronner
dignement son œuvre en reproduisant dans son dernier
article les dispositions libérales du décret du 25 mars
1852, qui placent sous la garde de nos lois les productions des auteurs étrangers.

Ce projet, dont l'honneur revient en grande partie à
la magistrature qui l'a préparé par ses sages décisions
devenues articles de loi, sera accueilli avec faveur.

Quelles que soient les critiques qu'on puisse adresser
à cette œuvre importante, et les imperfections qui s'y
rencontrent encore et qui disparaîtront bientôt, elle
n'en mérite pas moins toute la reconnaissance des auteurs ; si elle ne leur donne pas la richesse, qu'ils ne
recherchent point, elle assure leur indépendance ;
tentée à plusieurs reprises par les divers pouvoirs qui
se sont succédé, elle sera un titre de gloire pour le
Gouvernement qui a su la réaliser, un encouragement
précieux accordé à ces hommes d'élite qui consacrent
leur vie aux rudes travaux de la pensée, et une leçon
utile donnée d'en haut à tous ceux qui regardent les opé-
rations de bourse et de finance comme les seuls objets
dignes d'attirer l'attention du législateur.

TABLE

BIBLIOTHÈQUE NATIONALE

R. F.

IMPRIMÉS.

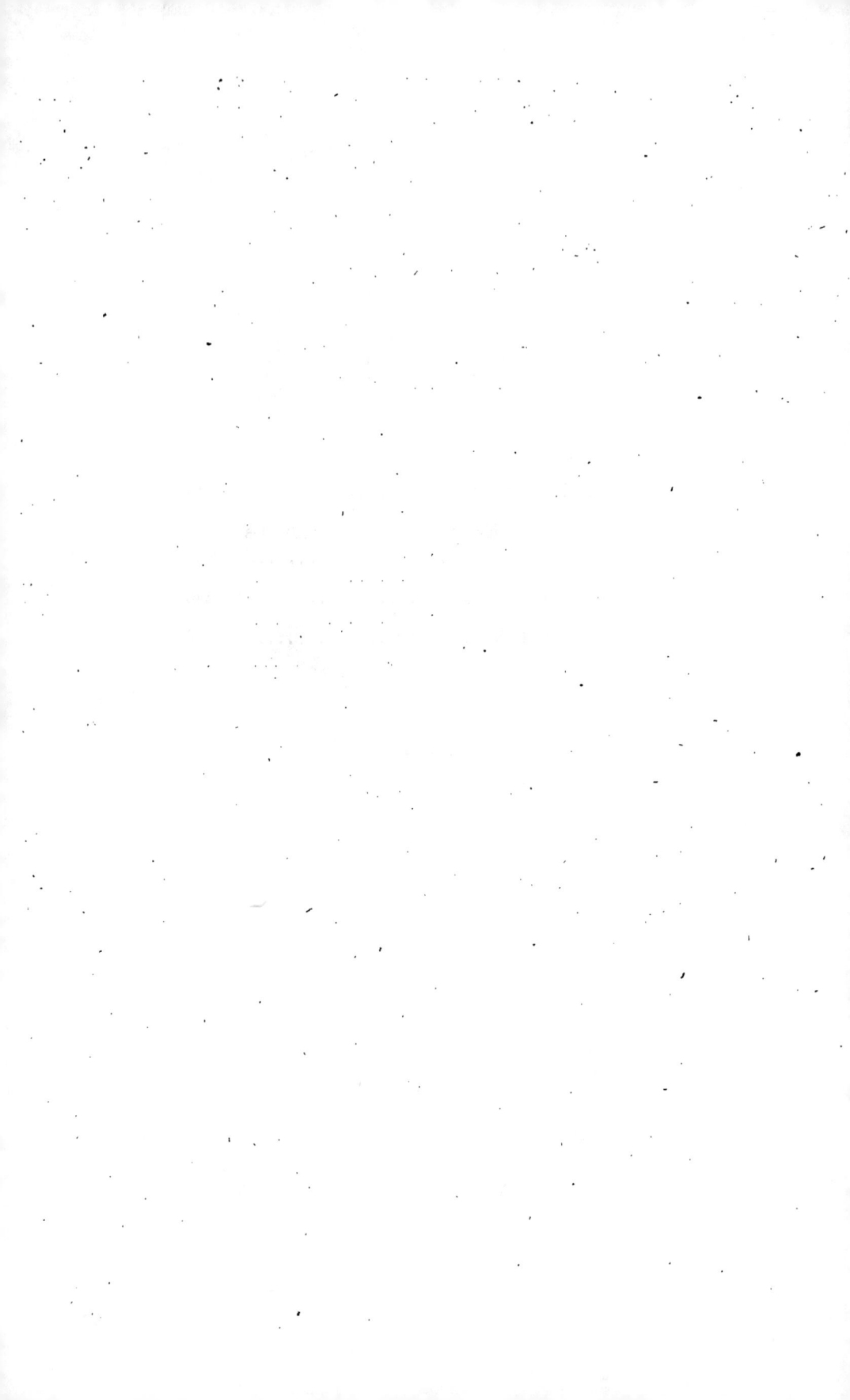

www.ingramcontent.com/pod-product-compliance
Lightning Source LLC
Chambersburg PA
CBHW062026200326
41519CB00017B/4938